이십억 광년의 고독

二十億光年の孤独

谷川俊太郎

Copyright ⓒ 1952-2006 by Tanikawa Shuntaro
Korean Translation Copyright ⓒ 2009 by Moonji Publishing Co., Ltd.
All Rights Reserved.

This Korean edition was published by arrangement with Tanikawa Shuntaro, the author.

이 책의 한국어판 저작권은 지은이 다니카와 슌타로와 독점 계약한 ㈜문학과지성사에 있습니다.
저작권법에 의해 보호받는 저작물이므로 무단 전재 및 복제를 금합니다.

대산세계문학총서 081

이십억 광년의 고독

다니카와 슌타로 시선집 김응교 옮김

문학과지성사
2009

대산세계문학총서 081_시

이십억 광년의 고독

지은이   다니카와 슌타로
옮긴이   김응교
펴낸이   이광호
펴낸곳   ㈜문학과지성사
등록번호   제1993-000098호
주소   04034 서울 마포구 잔다리로7길 18(서교동 377-20)
전화   02) 338-7224
팩스   02) 323-4180(편집)   02) 338-7221(영업)
전자우편   moonji@moonji.com
홈페이지   www.moonji.com

제1판 제1쇄   2009년 2월 27일
제1판 제9쇄   2021년 1월 8일

ISBN   978-89-320-1945-1
ISBN   978-89-320-1246-9(세트)

이 책의 판권은 옮긴이와 ㈜문학과지성사에 있습니다.
양측의 서면 동의 없는 무단 전재 및 복제를 금합니다.

이 책은 대산문화재단의 외국문학 번역지원사업을 통해 발간되었습니다.
대산문화재단은 大山 愼鏞虎 선생의 뜻에 따라 교보생명의 출연으로 창립되어
우리 문학의 창달과 세계화를 위해 다양한 공익문화사업을 펼치고 있습니다.

한국의 독자들에게

「시」와 〈시〉

　시를 번역하면 잃어버리는 것은 무엇인가? 그것은 「시(詩)」다. 시를 번역해서 얻는 것은 무엇인가? 그것은 〈시〉다. 같은 단어지만, 품은 뜻이 미묘하게 다른 「시」와 〈시〉 사이에서, 모국어에서 떨어져 자립하려는 시 작품은 괴로워하고 있다.

　시는 몸(身體)을 지니고 있다. 시가 전하는 것이 의미뿐이라면, 시는 두뇌만 가지면 될 것이다. 그런데 시는 의미를 넘는 존재를 언어로 만들려고 하는 것이다. 골격뿐만 아니라, 시에는 내장, 근육, 피부, 분비액까지 당연히 있다. 시의 목소리를 듣는 것은 에로스적 체험이기 때문에.

　알고 모르는 것도 중요하지만, 맛있는가 맛없는가 하는 것이, 시에서는 더욱 중요하지 않은가. A언어가 모국어인 사람들의 미각은, B언어가 모국어인 사람들의 미각과 다르겠으나, 아무 데도 가지 않고 타문화의 맛을 즐길 수 있다는 것은 살아 누리는 즐거움의 하나다.

우리는 시를 계속 번역한다. 그것은 정치나 경제나 학문 세계에서 유통되는 서류를 번역하는 것과는 다른 차원에서 살아 있는 혼(魂)을 필요로 한다. 시인들 사이에서는, 때로 무언(無言)이 공통의 언어가 되고, 침묵이 공통의 고향이 되기 때문이다.

지금 내 눈앞에 있는 한국에서 짜여진 아름다운 천, 그 위에 한국의 가마에서 얻은 사랑스러운 밥그릇. 아주 오래된 이웃은 나의 시를 어떻게 맛봐주실는지. 김응교 씨를 비롯해서 이 시선집 간행을 위해 힘써주신 모든 분들에게 마음 깊이 감사드린다.

2009년 2월
다니카와 슌타로
谷川俊太郎

차례

한국의 독자들에게—「시」와 〈시〉 5

제1부 1952: 『이십억 광년의 고독』

먼 나라에서—서문을 대신하여 13 | 생장 15 | 나는 17 | 운명에 대하여 19 | 세대 21 | 그림 23 | 안개비 24 | 봄(春) 25 | 정류장에서 26 | 기도 28 | 슬픔 30 | 비행기구름 31 | 지구가 너무도 사나운 날에는 32 | 서력 1950년 3월 33 | 경고를 믿는 노래 35 | 한 자루의 검은 우산 36 | 전차에서의 소박한 연설 37 | 책상즉흥 40 | 향수 42 | 숙제 43 | 주위 44 | 밤 45 | 봄(はる) 47 | 화음 48 | 박물관 49 | 이십억 광년의 고독 51 | 나날 53 | 네로—사랑받았던 작은 개에게 54 | 하늘 58

제2부 1953~1974

소네트 31 61 | 소네트 41 62 | 소네트 50 63 | 소네트 62 64 | 해질녘 65 | 사랑—파울 클레에게 66 | 빌리 더 키드 69 | 지구로 떠나는 피크닉 71 | kiss 73 | 두 개의 4월 75 | 시인 76 | 창—R.M.R에게 77 | 슬픔은 79 | hymn 80 | 부탁 82 | 반복 86 | 9월 87 | 입맞춤 89 | 낯선 시남 90 | 황색 시인 91 | 아침 릴레이 92 | 강 94 | 아름다운 여름 아침에 96 | 새의 깃 1 98 | 산다 99 | 사랑의 시작 102 | 아침 축제 103 | 내가 노래하는 이유 105

제3부 1975~1989

일부 한정판 시집 『세계의 모형』 목록 109 | 잔디 115 | 질문집 116 | 좋은 아이 119 | 치통 120 | 운다 122 | 물의 윤회 124 | 그 사람이 노래를 부를 때 129 | 물을 읽는다 131 | 신문 136 | 죽은 남자가 남긴 것은 137 | 슬픔에 대해서 139 | 안녕 140 | 거짓말 141 | 알몸 142 | 비밀 143 | 전차 144 | 아(あ) 145 | 다카시 군 146 | 심심해 147 | 만약에 148

제4부 1990~

자기소개 151 | 똑바로 152 | 5월의 노래 153 | 8월의 노래 155 | 9월의 노래 156 | 10월의 노래 157 | 11월의 노래 158 | 영혼의 가장 맛있는 부분 159 | 미생 160 | 탄생 161 | 심장 162 | 이름 163 | 메아리 164 | 강 165 | 함께 166 | 여기 167 | 죽음 168 | 굶주림과 책 169 | 밤의 라디오 170 | 요케이 산 172 | 모차르트를 듣는 사람 174 | 세계의 약속 175 | 하얀 개가 있는 집 177 | 백세가 되어 179 | 숲에게 182 | 바람 183 | 재의 기쁨 185 | 사랑에 빠진 남자 186 | 이야기의 미캐 188 | 책과 나무 190 | 음악 앞의…… 191 | 있다 193 | 대지 194 | 상자 195 | 의자 196 | 끈 197 | 책 198 | 연필 199 | 노래해도 좋겠습니까 201 | 믿는다 203

제5부 산문

한 편의 시가 완성되기까지—자기와의 분리 207 | 시인과 우주 209 | 시인 223

옮긴이 해설 · 하늘의 시인, 다니카와 슌타로 226
출전 243
작가 연보 247
기획의 말 249

일러두기

1. 이 시선집에 수록된 시의 목록은 옮긴이가 선정한 것이다. 제1부는 시집 『이십억 광년의 고독(二十億年光年の孤独)』(1952)에서, 제2~4부는 이후 시대별 주요 시 중에서 선정하였다.

2. 주(註)는 별도의 설명이 없는 한 모두 옮긴이 주이다

제1부

1952
『이십억 광년의 고독』

먼 나라에서
—서문을 대신하여

미요시 다쓰지(三好達治)*

이 젊은이는
의외로 멀리서 왔다
그리고 저 먼 어딘가에서
그는 어제 떠나왔다
십 년보다도 더 긴
하루를 그는 여행해왔다
천리(千里)의 구두를 빌리지도 않고
그가 발뒤꿈치로 걸어온 길이를 어떻게 재겠는가
또한 그 달력을 어떻게 재겠는가

그래도 생각해보라
서리 싸늘한 겨울 아침
돌연 미소를 머금고
우리에게 오는 이가 있다

---

* 도쿄제국대학에서 불문학을 전공했고 도쿄에서 시 전문 잡지 『사계(四季)』를 창간했던 미요시 다쓰지(三好達治, 1900~1964)는 일본 현대문학사에서 빼놓을 수 없는 시인이며, 메이지(明治) 대학 강사였을 때 유명한 좌담회 '근대의 초극'에도 참여했다. 그의 서언은 스무 살 남짓에 데뷔하는 다니카와 슌타로에 대한 최대의 찬사가 아닐 수 없다.

이 젊은이의 노트에서 미끄러져 떨어지는 별이라도 있겠는가
아아 저 수선화는……
향기마저 서늘하고 약간 씁쓰레하고
바람에도 흔들리는 고독을 지탱하며
자랑스럽고 조심스럽게
때마침 그는 찾아왔다
1951년
구덩이밖에 없는 도쿄*에
젊은이답게 애절하게
비애(悲哀)스러우면서도 쾌활하게
―과연 쾌활하게 생각다 못한 탄식으로
때로 재채기해버리는 이 젊은이는
아아 이 젊은이는
겨울 한가운데 오랫동안 기다렸던 사람으로서
돌연 먼 나라에서 찾아왔다

---

* 제2차 세계 대전 때 미군의 도쿄 공습으로 도쿄에 어마어마한 폭탄이 떨어졌다. '구덩이밖에 없는 도쿄'라는 말에서 우리는 전쟁의 잔해를 상상할 수 있다.

생장

3세
나에게 과거는 없었다

5세
나의 과거는 어제까지

7세
나의 과거는 촌마게* 끝까지

11세
나의 과거는 공룡까지

14세
나의 과거는 교과서대로

16세

---

* 촌마게(丁髷)는, 에도 시대 때, 뒤쪽으로 묶었던 일본식 상투를 말한다. 신분에 따라 종류가 달랐으며 약 60가지 종류가 있었는데, 메이지 시대 때 단발령으로 사라진다.

나의 과거는 무한을 주뼛주뼛 처다보며

18세
내 시간의 무언가를 모르는

나는

나의 생명은
한 권의 노트
가격을 정할 수 없는 한 권의 노트
   (무기물에서의 연속과
대우주의 공백과)

나의 공부는
노트에 써넣은 글
아름답게 열심히 노트에 써넣은 글
   (채워지지 않는 정리벽과
무너질 것 같은 필적과)

내게 세련된 멋은
노트의 장정
멋있고 밝은 노트의 장정
   (어려서 서툰 솜씨와
때 타기 쉬운 물감 색과)

에헴, 나는 걷고 있다
노트를 끼고 20세기의 원시 시대를
종종총총 터벅터벅 걷고 있다
수줍어하며 걷고 있다

운명에 대하여

플랫폼에 줄 서 있다
초등학생들
초등학생들
초등학생들
초등학생들
떠들며 장난치며 먹으면서

'귀엽네'
'생각나네'
플랫폼에 줄 서 있다
어른들
어른들
어른들
어른들
보며 말하며 그리워하면서

'겨우 50년과 5억 평방킬로미터지'
'생각나네'

플랫폼에 늘어서 있다
천사들
천사들
천사들
천사들
말없이 응시하며
말없이 빛나면서

세대

― 시를 쓰며 나는 느꼈다

한자(漢字)는 말이 없다
가타카나는 가만있지 않는다
가타카나는 어리고 밝게 소리 지른다
アカサタナハマヤラウ
(a.ka.sa.ta.na.ha.ma.ya.ra.u)

한자는 말이 없다
히라가나는 가만있지 않는다
히라가나는 조용하게 속삭이며 말을 건다
いろはにほへとちりぬろ를
(i.ro.ha.ni.ho.he.to.chi.ri.nu.ro)

― 그래서 나는 시 쓰기를 멈추고
위대한 논문을 쓰려 한다
「字ニ於ケル世代之問題」
「글자에 있어서 세대의 문제(ジニオケルセダイノモンダイ)」

「글자에 있어서 세대의 문제(じにおけるせだいのもんだい)」*

---

* 이 시를 원문 그대로 번역하는 것은 불가능하다. 그래서 번역하지 않으려 했으나, 다니카와 슌타로가 일본어를 어떻게 생각하는지 잘 드러내는 작품이기에 번역하지 않을 수 없었다. "한자는 말이 없다"는데 이에 반해, 가타카나는 소리 지르고 히라가나는 속삭인다고 시인은 표현한다. 한자보다 가타카나나 히라가나가 더 친밀하다는 뜻이다. 한국문학에서 4·19 이후 등장한 작가나 평론가를 '한글 세대'라 하듯이, 패전 이후 등장한 다니카와 슌타로의 문장은 한자가 아닌 '일본어 세대'의 신선함을 보이고 있다.

그림

못 건널 것 같은 강 저편에
못 오를 것 같은 산이 있었다

산 저편은 바다처럼
바다 저편은 거리처럼

구름은 어둡고—
공상(空想)은 죄일까

하얀 액자 속에
그런 그림이 있다

안개비

흑인 가수는 앙코르를 받고
흑인 영가를 불렀다
(나는 아나운서의 차가운 말투가 마음에 걸린다)

흑인 작곡가는 스테이지에서
라이트를 받으며 인사한다
(나는 박수 소리가 적을까 걱정한다)

로스앤젤레스·캘리포니아는 별이 총총한 여름 밤이다
라고 하지만, 오늘 밤, 도쿄에는 안개비 조용히 줄곧 내리고 있다

봄(春)

예쁘장한 교외 전차 연변에는
오순도순 하얀 집들이 있었다
산책을 권하는 오솔길이 있었다

내리지도 않고 타지도 않는
논밭 한가운데 역
예쁘장한 교외 전차 연변에는
그러나
양로원의 굴뚝도 보였다

구름 많은 3월 하늘 아래
전차는 속력을 늦춘다
한순간의 운명론(運命論)을
나는 매화 향기로 바꾸어놓는다

예쁘장한 교외 전차 연변에는
봄 이외에는 출입금지다

정류장에서

로터리를 돌아 온다
자전거가
견인차가
지프가

로터리를 돌아 간다
50년형 스튜드베이커* 자동차가
(미래에 대한 발랄한 제안)
로터리를 돌아 간다
30년형 닷지** 트럭이
(근대과학의 배설물)

로터리를 돌아 온다
트럭이

---

* 스튜드베이커Studebaker는 1950년대 세련된 스타일과 성능 면에서 인기가 높았던 최고의 승용차였다. 제주도 서귀포에 있는 세계자동차박물관에 1949년에 출시된 'Studebaker Champion'이 전시되어 있다.
** 닷지dodge는 자동차 브랜드의 이름이다.

짐수레가

오토바이가

그리고

간신히 나의 은(銀)버스*가

---

* '은(銀)버스'에서 '은'이라는 단어는 몽상적인 의미를 갖고 있다. '은하철도' '은하수'라는 말처럼 일본문학에서 '은'이라는 색깔이 들어갈 때는 현실 저편의 어떤 새로운 지평을 상상하게 된다. 다니카와 슌타로는 현실에 보이는 로터리 주변의 자동차에서 자기만의 몽상을, 시적인 착상을 얻은 듯하다.

기도

하나의 큰 주장(主張)이
무한한 시간 끝에서 시작하여
지금도 그것이 이어지고 있는데도
우리는 무수한 제안을 갖고
그 주장에 저항하려고 한다
(아아 너무 거만하다 호모 사피엔스* 지나치게 거만하다)

주장을 해명하기 위해서야말로
우리는 배워온 것이 아니었는가
주장의 환희를 위해서야말로
우리는 살아오지 않았던가

미숙한 내 마음에
(부서지기 쉬운 복잡한 기계의 대못 하나)
이젠 기도만이 믿을 수 있다
(우주 속의 무한히 작은 것에서

---

* Homo sapiens: 지능이 있는 생물로서의 인간.

우주 속의 무한대)

사람들이 기도하는 부분이 좀더 강해지도록
사람들이 지구의 외로움을 좀더 절절히 느끼도록
자기 전에 나는 기도하련다

(그곳은 모두 지구상의 한 점이며
모든 사람은 모두 한 사람의 인간)
외로움을 참고 나는 기도하련다

하나의 큰 주장이
무한한 시간 끝에서 시작하여
지금도 여전히 계속되고 있다
그리고
하나의 작은 기도는
어둡고 거대한 시간 속에서
미약하나마 확실하게 연이어 타오르도록
지금 불길을 올린다

슬픔

저 파란 하늘의 파도 소리가 들려오는 언저리에
무언가 엉뚱하게도 분실물을
나는 놓고 와버린 것 같다

투명한 과거의 역에서
분실물 담당자 앞에 섰더니
난 쓸데없이 슬퍼지고 말았다

비행기구름*

비행기구름
채워지지 않는 동경(憧憬)에
있는 힘을 다하는 아이의 개선가

비행기구름
그것은 예술
무한한 캔버스에 그리는
덧없는 찬송가 한 구절

(그 순간 깊고 깊은 하늘의 깊이)

비행기구름
그리고—
봄의 하늘

---

* '비행기구름〔飛行機雲〕'이란 비행기가 지나간 뒤, 하늘에 남는 선을 말한다. 일본인들에게 비행기구름은 어렸을 때 혹은 아름다운 시절을 회상하게 하는 낭만적인 풍경이기도 하다.

지구가 너무도 사나운 날에는

지구가 너무도 사나운 날에는
나는 화성에게 말 걸고 싶어진다

    이쪽은 흐려서
    기압도 낮고
    바람도 강해질 뿐
    이봐!
    그쪽은 어때

    달이 보고 있다
    완전히 냉정한 제3자로서

    많은 별이 주시해서 아프다
    아직도 어린 지구의 자식들이여

지구가 너무도 사나운 날에는
화성의 붉은색이 따뜻한 것이다

서력 1950년 3월

마치 드럼통을 두들겨 만든
불안의 테이블에서
조간신문을 파이프에 채워 넣고
(그것은 완벽히 쓰디쓴 연기)
그럼, 아침식사로는
조소(嘲笑)를 먹을까
기도(祈禱)를 먹을까
라고 생각한다*

나
비겁한 무존재

지구
왜소한 팽대(膨大)

그리고

---
* 태평양전쟁이 끝나고 1950년 무렵, 파이프에 신문지를 찢어 채워 넣는 풍경은 패전 이후 일본의 빈궁한 처지를 상징적으로 드러내고 있다.

역사는 레이더도 없이
파상비행(波狀飛行)을 계속하고 있다

경고를 믿는 노래

깊은 하늘에서 내려오는
우주 선(線)의 세찬 흐름 같은
경고를 믿읍시다

찔리고
깊어져
나는 겸허하게
거울을 들어본다

"이 경고는
주피터*의 천둥 번개, 전압이 떨어진 놈이다"
이것이 내 종교다

바로 지금 저 파란 하늘을
주피터의 독수리가 솟아오르지 않는가

---

* 주피터Jupiter는 그리스 신화의 제우스에 해당되는 로마의 주신(主神)이다. 이 시에서, 순간적의 상상력의 용기를 중요시하는 다니카와 슌타로의 시 창작 태도를 볼 수 있다.

한 자루의 검은 우산

낡아빠진 한 자루의 검은 우산에서
나는 하나의 역사*를 냄새 맡는다
냄새 맡았기에 먹지 않을 수 없는
그 괴로움 때문에
나는 문득 눈물을 흘렸다

낡아빠진 한 자루의 검은 우산은
그래도 뼈를 갖고 있다
그래도 비를 막는 것이다

완전히 부서져 태워져버릴 때까지

---

* 1945년 8월 6일, 히로시마에 원자 폭탄이 떨어졌다. 이어 8월 9일, 나가사키에도 원자 폭탄이 떨어졌다. 일본은 항복했고, 이후 방사능이 포함된 검은 비가 오랫동안 일본 열도를 적셨다.

전차에서의 소박한 연설

—어쨌든 붉은 신호등은 켜진 상태입니다

이 깨끗하고 밝은 전차에
모두 역시 같은 목적으로
우연히 같이 탄 것이고
이렇게 깨끗하고 즐거운 기차에
탈 수 있다는 것만으로
행복하니까
전차를 좀더 좋게 만들기 위해
사소한 것이라도 여러분의 노력이
필요하지 않을까요
(종점도 모르고 출발점도 모르는
알지 못하는 미래의 기찻길가를 바라보며)
갖가지 짐으로 어깨는 무겁고
전차도 가끔 흔들리지만
모두 같은 길동무라고
다만, 이 연선(沿線)만이 행복한 것이라고
모두 생각하면

이런 크고 무거운 전차도
여러분의 생각으로
점점 밝은 풍경 쪽으로
운전할 수 있다고 나는 정말로 믿고 있습니다
노 스모킹
노 스핏팅*
쓰지 않아도 아름다운 마음은 지켜질 것입니다
자, 손잡이 하나를 꽈악 잡고
모두의 마음으로 붉은 신호등을
없애지 않으시렵니까

    ―붉은 신호등은 켜진 상태이고
      비탈길도 험하거늘
      아아, 나는 이런 연설밖에 할 수 없는 것인가

그럭저럭 모두 함께

---

* 노 스모킹(No Smoking: 담배 피우지 마세요), 노 스핏팅(No Spitting: 침 뱉지 마세요).

밝은 풍경 쪽으로 운전하고 싶은
이런 깨끗하고 즐거운 전차를
지저분하게 상처 내고
어두운 터널 속에서 고장내다니
정말로 참을 수 없습니다

    —모두의 전차
        모두 같이 타는 하나의 전차
        아아, 예비 차량도 없다

하다못해 기도라도……

책상즉흥(冊床卽興)

　　　　노트
가난한 나의 진행형
그러나 착착 행진한다

　　　　사전
나는 세계의 무게를 손으로 재고 있다
가득 채워져 있는 우매한 인류

　　　　잉크병
물들지 않으려 노력하지만
이것이 없으면 시도 쓸 수 없다

　　　　펜
깃털에서 날카로운 철펜으로
그러나 소박함에서 타락으로 가는 것은 아니고

　　　　스탠드
모든 것을 비춰라

인류의 예지를 룩스*

　　히아신스**
사상은 없다
그러나 감정은 있다

　　시계
여기에서 하나의 의지를 본다
엄숙한 사색에의 계시(啓示)

---

　* 룩스는 영어의 'Looks'를 말한다. 곧 모습, 보기 등을 뜻한다. 이 시는 바쇼(芭蕉) 등이 보여 주었던 일본의 전통적인 두 줄짜리 단시를 변용하여 현대적이고 신선한 느낌을 주고 있다.
** 히아신스Hyacinth는 백합과의 다년초이며 관상용으로 재배되고 있는 꽃이다.

향수(鄕愁)

저 꽃잎은
해안가 빌딩 8층 정도의 창문에서
피아니시모* 아르페지오**로 나에게 산산히 떨어져 온다

달려가기 시작한 밝은 색 신형차
장 폴 사르트르의 실존주의
그리고 거품이 이는 한 잔의 아이스크림 소다 등—
그것들 모두가 잠겨버리고
단지 그야말로 맑고 밝은 가을 고원(高原)만이
몰래 나를 서정적으로 만든다

구름에 가까운 거리—
오후의 바다는
순식간에 한 장의 그림엽서다

---

* 피아니시모 pianissimo는 '아주 여리게'라는 뜻이다.
** 아르페지오 arpeggio는, 하프나 피아노를 연주할 때, 음을 아주 작게 분산하여 낮은 음에서 높은 음으로 연속적으로 하는 연주를 말한다.

숙제

눈을 감고 있으면
신(神)이 보였다

실눈을 뜨면
신은 보이지 않았다

확실하게 눈을 떠서
신이 보이는지 안 보이는지
그것이 숙제

주위

어제 뒤쪽의 십억 년
내일 뒤쪽의 십억 년

안드로메다성운(星雲)과 오리온성운과의
지구에 관한 사무적인 대화

책상 아래 히아신스와
오후의 초콜릿 간식

기껏 무한할 정도의 부피밖에 지니지 않은
인간의 두뇌
그렇기 때문에
감정의 가치

밤

밤
한 시간 정도 앞서 죽은 늙고 착한 사람이
특별한 자전거를 타고
아성층권* 근처를 올라가고 있다

밤
한 시간 정도 뒤에 태어날 아이가
황새에 걸터 앉아
아성층권 근처를 내려오고 있다

올림포스에서는
미스 클로토, 미스 라케시스, 미스 아트로포스** 세 사람이
커피를 마시면서

---

* 아성층권(亞成層圈)은 지상으로부터 8천 미터에서 1만2천 미터의 성층권까지의 사이에 있는 대기층을 말한다.
** 그리스 로마 신화에 나오는 세 여신으로, 필연(必然)을 다스리는 여신 테미스의 딸들이었다. 맏딸 클로토는 인간 한 사람 한 사람이 가지는 운명의 실로 베를 짜 나아갔다. 오늘날 영어 낱말 'cloth(직포)'는 맏딸 클로토에서 따온 것이라고 한다. 둘째딸 라케시스는 짜여진 직포에 자를 대고 치수를 재어 인간의 수명을 정했다. 막내딸 아트로포스는 가위를 들고 옆에 있다가 무자비하게 끊어, 인간의 생명을 단숨에 결정하는 가장 무서운 존재였다.

텔레비전으로 이 장면을 보고 있다

도쿄에서는
한 명의 시인이
기도하면서
별하늘의 스크린에서
이것을 보았다

봄(はる)

꽃을 넘어서
하얀 구름이
구름 넘어서
깊은 하늘이

꽃을 넘어
구름을 넘어
하늘을 넘어
나는 언제까지나 올라갈 수 있다

봄의 한때
나는 하느님과
조용히 이야기를 했다

화음

도쿄 방송은 세 가지 모두
조용하고 낮은 남자 목소리였다

하나는 설교
하나는 사람 찾는 방송
하나는 일기예보

이상하게도 세 가지 목소리는
어떤 큰 공간을 구성하고 있는 듯이 느껴졌다

시간도 그려진 세계지도가
흔들리면서
내 피부에 삼투(滲透)하고……

구름에서 화음이
정리된 무색(無色)의 화음이 느껴졌다

박물관

돌도끼 따위
유리 저쪽에서 쥐죽은 듯 조용히

성좌(星座)는 몇 번이나 돌아
많은 우리들은 소멸하고
많은 우리들은 발생하고

그리고
혜성(彗星)은 몇 번이나 부딪칠 듯하고
많은 접시 따위가 깨지고
남극 위를 에스키모의 개가 걷고
커다란 분묘는 동서로 만들어져
시집은 몇 번이나 바쳐지고
최근에는
원자(原子)를 때려부수거나
대통령 딸이 노래를 하거나
그런 여러 가지 일이
이후로도 있었다

돌도끼 따위
유리 저쪽에서 바보처럼 조용히

이십억 광년의 고독

인류는 작은 공[球] 위에서
자고 일어나고 그리고 일하며
때로는 화성에 친구를 갖고 싶어 하기도 한다

화성인은 작은 공 위에서
무엇을 하고 있는지 나는 알지 못한다
(혹은 네리리 하고 키르르 하고 하라라 하고 있는지*)
그러나 때때로 지구에 친구를 갖고 싶어 하기도 한다
그것은 확실한 것이다

만유인력이란
서로를 끌어당기는 고독의 힘이다

우주는 일그러져 있다
따라서 모두는 서로를 원한다

---

* '네리리, 키르르, 하라라'는 시인이 지어낸 말이다. 마치 우주인들이 나누는 이야기인 듯, 독자의 상상을 자극하려는 말인데, 그의 동시를 보면 이렇게 말장난으로 지어낸 단어가 많다.

우주는 점점 팽창해간다
따라서 모두는 불안하다

이십억 광년의 고독에
나는 갑자기 재채기를 했다

나날

어느 날 나는 생각했다
내가 들어 올릴 수 없는 게 뭐가 있을까

다음 날 나는 생각했다
내가 들어 올릴 수 있는 게 뭐가 있을까

금방 지나가는 나날을 나는
삐딱하게 걷고 있다

이 친숙한 나날들이
날마다 이어 달려가는 것을
괴이쩍은 듯한 공포의 기분으로 노려보면서

네로
—— 사랑받았던 작은 개에게

네로
이제 곧 또 여름이 온다
너의 혀
너의 눈
너의 낮잠 자는 모습이
지금 또렷이 내 앞에 되살아난다

너는 단지 두 번의 여름을 알았을 뿐이었다
나는 벌써 열여덟번째의 여름을 알고 있다
그리고 지금 나는 내 것과 또 내 것이 아닌 여러 여름을 떠올리고 있다
메종 라피트의 여름*
요도의 여름**
윌리엄즈 파크 다리의 여름***

---

  * 소설가 로제 마르탱 뒤 가르(Roger Martin du Gard, 1881~1958)의 대하소설 『티보 가의 사람들 Les Thibault』의 시간적 배경인 여름을 말한다.
 ** 다니카와 슌타로의 어머니의 고향인 교토부(京都府) 요도초(淀町)의 여름을 뜻한다. 여기서 소년 시절을 지낸 시인은 1945년 8월 여름에 패전을 경험했다.
*** 1930년대 할리우드의 대표적인 필름 느와르 범죄 영화 「벌거벗은 도시 Naked City」에 나오는 뉴욕의 여름이다.

오랑의 여름*

그리고 나는 생각한다

인간은 도대체 이미 몇 번 정도의 여름을 알고 있을까 하고

네로

이제 곧 또 여름이 온다

그러나 그것은 네가 있던 여름은 아니다

또 다른 여름

전혀 다른 여름인 것이다

새로운 여름이 온다

그리고 새로운 여러 가지를 나는 알아차린다

아름다운 것 미운 것 나를 힘차게 만들 것 같은 것

나를 슬프게 만들 것 같은 것

그리고 나는 묻는다

대체 무엇일까

---

* 알베르 카뮈(Albert Camus, 1913~1960)의 장편소설 『페스트 La Peste』에 나오는 아프리카의 여름이다.

대체 왜일까
도대체 어떻게 해야 할 것인가를

네로
너는 죽었다
아무도 모르게 혼자 멀리 가서
너의 목소리
너의 감촉
너의 기분까지가
지금 또렷이 내 앞에 되살아난다

하지만 네로
이제 곧 여름이 온다
새롭고 무한하게 넓은 여름이 온다
그리고
나 역시 걸어가리라
새로운 여름을 맞고 가을을 맞고 겨울을 맞아
봄을 맞아 더욱 새로운 여름을 기대하여

온갖 새로운 것을 알기 위해

그리고

온갖 나의 물음에 스스로 답하기 위해

하늘

푸른 하늘과 태양이 유일한 사유 재산이다

나는 뭔가 눈치 채기 시작하고 있다
나는 말수가 적어진다

헬리콥터가 자기 그림자를 갖고 놀면서 간다

제 2부

1953~1974

소네트 31

이 세상에 마련된 의자에 앉으면
갑자기 내가 없어진다
나는 소리를 지른다
그러면 언어만 살아남는다

신은 하늘에 거짓의 그림물감을 모조리 털어낸다
하늘의 색깔을 흉내 내려고 하면
그림도 사람도 죽어버린다
나무만이 하늘을 향하여 늠름하다

내가 축제에서 증언하려고 하면
내가 계속 노래하고 있으면
행복은 내 키를 재려고 온다

나는 시간의 책을 읽는다
모든 것이 적혀 있는데도 아무것도 적혀 있지 않다
나는 어제를 향해 질문 공세를 퍼붓는다

소네트 41

푸른 하늘을 응시하고 있으면
나에게 돌아갈 곳이 있는 듯싶다
하지만 구름을 다녀온 밝기는
이미 하늘에는 돌아가지 않는다

태양은 언제나 호화롭게 버리고 있다
밤이 되어도 우리들은 줍는 데 바쁘다
사람은 모두 천한 태생이기에
나무처럼 풍부하게 쉬는 것이 아니다

창문이 넘친 것을 빼앗고 있다
나는 우주 이외의 방을 바라지 않는다
그 때문에 나는 다른 사람과 틀어지게 된다

존재한다는 것은 공간이나 시간을 손상시키는 것이다
그리고 아픔은 오히려 나를 탓한다
내가 떠나면 나의 건강이 돌아올 것이다

소네트 50

존재가 지닌 정적(靜寂)은 때로
무(無)가 지닌 그것보다 훨씬 아련하다
하지만 가까이 가면
저들의 은밀한 몸짓이 드러난다

저들은 호소하고 있는 게 아닐까
한 그루의 나무 한 개의 보시기
한 사람의 처녀 한 장의 그림
으로 불리는 것의 불안에 관해

존재한다는 것의 확실함에 관해
나도 잘 알고 있다 하지만
사람의 외부에 이름 붙일 그 무엇이 있는가

무(無)야말로 차라리 안이한 것이다
내가 불러도 세계는 눈뜨지 않는다
나는 어리석게 사랑할 수 있을 뿐이다

소네트 62

세계가 나를 사랑해주기에
(잔혹한 방법으로 때로는
상냥한 방법으로)
나는 언제까지나 혼자일 수 있다

내게 처음 한 사람이 주어졌을 때에도
나는 그저 세계의 소리만을 듣고 있었다
내게는 단순한 슬픔과 기쁨만이 분명하다
나는 언제나 세계의 것이니까

하늘에게 나무에게 사람에게
나는 스스로를 내던진다
마침내 세계의 풍요로움 그 자체가 되기 위해

……나는 사람을 부른다
그러자 세계가 뒤돌아본다
그리고 내가 사라진다

해질녘

아무도 없는 옆방에서
누군가 부른다 마치 나인 것처럼

나는 서둘러 문을 연다
이쪽은 어두운데
그곳엔 밝게 햇살이 비치고 있어
지금 막 누군가 떠나간 참인 듯
그림자가 슬쩍 눈을 스친다
하나 내가 쫓으면 이미 아무도 없고
별다를 것 없는 해질녘이 된다

꽃병엔 먼지가 쌓였다
창문을 여니 하늘이 밝은데 거기서도……
누군가 부른다 나처럼

사랑
—— 파울 클레*에게

언제까지라도

그렇게 언제까지라도

엮여 있는 것이다 어디까지라도

그렇게 어디까지라도 엮여 있는 것이다

약한 자를 위하여

서로 사랑하면서도 헤어져 있는 것

홀로 살아가고 있는 것을 위하여

언제까지라도

그렇게 언제까지라도 끝나지 않는 노래가 필요한 거다

하늘과 땅이 싸우지 않도록

끊어졌던 것을 본래의 이어진 관계로 돌리기 위해

---

* 이 시는 스위스 화가 파울 클레(Paul Klee, 1879~1940)의 그림에 대한 헌사다. 독일 뮌헨 부흐제에서 태어난 클레는 어려서부터 회화와 문학, 특히 바이올린을 익혔다. 뮌헨에서 개인 미술학원에 다녔고, 1901년 이탈리아를 여행한 후 바이올리니스트로서 베른 시 관현악단 단원이 되기도 했다. 1903~05년 아르누보풍의 환상적 동판화를 제작, W. 블레이크, A. V. 비어즐리, F. 고야의 인정을 받았다. 1910년 스위스에서 첫 개인전을 열었고 W. 칸딘스키, A. 마케, F. 마르크와 친교를 맺고 '청기사(靑騎士)' 그룹에 참여한 이후 전혀 새로운 혼합기법을 창조했다. 1925년 파리에서 첫 개인전을 열었고 초현실주의에 참가했다. 입체파의 매력을 느끼게 하는 클레는, 시인의 말처럼, 새, 소녀, 창문, 물고기, 태양, 나무, 건물 등을 즐겨 그렸다. 비극적인 제1차 세계 대전을 경험한 클레의 그림에는 "참호를 오래된 마을에게" 돌려주고 싶어 하는 사랑이 담겨 있다.

한 사람의 마음을 사람들의 마음에
참호를 오래된 마을들에게
하늘을 무지한 새들에게
옛날 얘기를 어린아이들에게
꿀을 부지런한 벌들에게
세계를 이름 붙일 수 없는 것에게 돌려주기 위해
어디까지라도
그렇게 어디까지라도 엮여 있다
마치 스스로 끝내려 하듯이
마치 스스로 모든 것이 되려 하듯이
신의 설계도처럼 어디까지라도
그렇게 언제까지나 완성시키려는
모든 것을 엮기 위하여
끊어져 있는 것은 하나도 없도록
모든 것이 하나의 이름 아래 살아갈 수 있도록
나무가 나무꾼과
소녀가 피와
창문이 사랑과

노래가 또 하나의 노래와
다투는 일이 없도록
살아가는 데 불필요한 것이 하나도 없도록
그렇게 풍요로이
그렇게 언제까지라도 퍼져나가는 이미지가 있다
세상에 스스로를 흉내 내도록
상냥한 눈짓으로 손짓하는 이미지가 있다

빌리 더 키드*

　보드라운 진흙이 먼저 내 입술에, 다음에는 점점 큰 흙덩이가 내 두 다리 사이에 내 배 위에. 둥지가 무너져버린 개미 한 마리 순간 묶여 있는 내 감은 눈 위를 기어간다. 사람들은 이제 울음을 그치고 지금은 삽을 휘두르는 상쾌한 기분의 땀방울을 느끼고 있는 것 같다. 내 가슴에 저 상냥한 눈을 한 보안관이 뚫어놓은 두 개의 구멍이 있다. 내 피는 주저하지 않고 그 두 개의 탈출구에서 빠져나갔다. 그때 처음으로 피는 내 것이 아니라는 것을 확실히 알았다. 나는 내 피가 그렇게 빠져나감에 따라, 차차 내가 돌아가려 하고 있다는 것을 알았다. 내 위에서 나의 단 하나뿐인 적(敵), 저 말라버린 푸른 하늘이 있다. 나에게서 모든 것을 빼앗아가는 것.

---

* 빌리 더 키드(Billy the Kid, 1859~1881)의 본명은 윌리엄 보니 William H. Bonney이다. 본래 뉴욕에서 태어났으나 어릴 적에 양친과 함께 캔자스로 이주하였고, 아버지가 죽자 다시 뉴멕시코에 가서 살았다. 13~15세 때 어머니를 욕보이려 한 남자를 죽인 것이 악의 길에 빠진 계기가 되었다고 전한다. 그 후 카우보이가 되었는데, 1878년 자기가 속한 목장과 다른 목장과의 싸움에서 열세인 자기 편을 이끌고 대단한 싸움 솜씨를 보여 총잡이로서의 용맹을 떨쳤다. 그러나 그 후 무법자가 되어, 소를 훔쳤다고 한다. 22년의 짧은 생애 동안 21명의 사람들을 살해했다. 한때 보안관 S. P. F. 갤럿에게 항복하였다가 간수를 죽이고 도망쳤으나, 끝내 22살에 갤럿에게 사살되었다. 전설에는 천재적인 권총잡이로서 주로 역마차를 털었으나 빼앗은 금품은 가난한 멕시코인에게 나누어 주었다고 해서 의적(義賊) 혹은 '서부의 로빈 후드'라고도 하나 실제로는 도리어 잔인하고도 비정한 총잡이였다고 한다.
　수많은 서부극에 이름이 나오고, 그의 일생을 그린 영화와 드라마도 여러 편 제작되었다. 요즘도 서부극을 주제로 한 컴퓨터 게임의 등장인물로 나오고, 아직도 그의 캐릭터 인형이 판매되고 있으며, 범죄자들은 그의 문신을 팔에 새기기도 한다.

내가 달려도 쏘아도 사랑하기까지 해도 나의 모든 것을 줄창 빼앗아간 저 푸른 하늘이 마지막 단 한 번 빼앗기를 실패했을 때, 그때가 내가 죽는 때이다. 나는 이제야말로 빼앗길 것이 없다. 이제 나는 처음으로 저 푸른 하늘을 두려워하지 않는다. 저 침묵, 한없는 푸르름이 무섭지 않다. 나는 이 땅 위에서 줄창 빼앗기었기에 나는 돌아갈 수가 있는 것이다. 이제 푸른 하늘의 손이 닿지 않는 곳에 내가 싸우지 않아도 되는 곳으로. 이제야말로 내 목소리는 응답받은 것이다. 이제야말로 내 총소리는 내 귀에 남는 것이다. 내가 들을 수도 없고 내가 쏠 수도 없게 된 지금에야말로.

  나는 죽임으로써 남을 그리고 나 자신을 확인하려고 했다.
  내 젊디젊은 증표는 핏빛으로 장식되었다. 그러나 남의 피로써 푸른 하늘을 칠할 수는 없다. 나는 내 피를 찾았다. 오늘 나는 그것을 얻었다. 나는 내 피가 푸른 하늘을 검붉게 물들이고 마침내 땅으로 돌아가는 것을 확인했다. 나는 이제 더 이상 푸른 하늘을 보지도 기억하지도 않는다. 나는 이제 내 땅의 냄새를 맡으며 내가 이 땅의 흙이 되기를 기다린다. 내 위를 바람이 흘러간다. 나는 이제 바람을 부러워하지 않는다. 이제 곧 나는 바람이 될 수 있다. 이제 곧 나는 푸른 하늘을 모르면서 푸른 하늘 속에 서식하는 하나의 별이 된다. 온갖 밤을 알고 온갖 낮을 알고 끝없이 헤매는 별이 될 것이다.

지구로 떠나는 피크닉

여기서 함께 줄넘기를 하자 여기서
여기서 함께 주먹밥을 먹자
여기서 그대를 사랑하리
그대의 눈은 하늘의 푸름을 비추고
그대의 잔등은 쑥색으로 물들겠지
여기서 함께 별자리 이름을 외우자

여기 있으면서 모든 먼 것을 꿈꾸자
여기서 썰물 때 조개 따위를 줍자
새벽녘 하늘의 바다에서
조그만 도움을 청해오자
아침 식사에는 그것을 버리고
밤이 물러나는 대로 놔두자

여기서 돌아왔다고 계속 말하자
그대가 어서 와 하고 되풀이할 때
여기 몇 번이라도 돌아오자
여기서 뜨거운 차를 마시자

여기서 함께 앉아 잠시 동안
신선한 바람을 쐬자

kiss

눈을 감으면 세계가 멀어지고
다정함의 무게만이 언제까지나 나를 확인하고 있다

침묵은 고요한 밤이 되어
약속처럼 우리를 둘러싼다
그것은 지금 사이를 떼어놓는 것이 아니라
오히려 우리를 에워싸는 정겨운 거리감이다
때문에 우리는 문득 혼자인 것처럼 된다……

우리들은 서로 찾는다
말하는 것보다도 보는 것보다도 확실한 방법으로
그리고 우리는 서로 찾게 된다
스스로를 상실했을 때에―

*

나는 무엇을 확인하고 싶었을까
멀리서 돌아온 상냥함이여

말을 잊고 정결하게 된 침묵 속에서
너는 지금 숨쉬고 있을 뿐이다

너야말로 지금 살아 있음 그 자체다……
그러나 그 언어조차 벌받는다
머지않아 상냥함이 세계를 만족시켜
내가 이 속에서 살기 위해 쓰러질 때에

두 개의 4월

나는 4월에 학교에 들어갔다
4월에 무슨 꽃이 피는지 나는 모른다
나는 4월에 학교에 들어갔다
조리 주머니*에 이름표를 달고

나는 4월에 여자와 헤어지지 못했다
4월에 무슨 꽃이 피는지 나는 알지 못한다
4월은 비가 많이 왔다
우리는 밤마다 차를 마셨다

4월에 납치범은 전봇대 그늘에서 웃고 있었다
4월에 욧잇은 차고 축축했다

---

* 조리 주머니(ぞうり袋): 다니카와 슌타로가 초등학교에 입학했던 1930년대의 신발은 짚신〔ぞうり〕이었다. 조리 주머니를 요즘 우리말로 하면 '신발주머니'이지만, 원문을 그대로 살려 옮긴다.

시인

시인은 거울이 있으면 반드시 들여다봅니다
자신이 시인인지 아닌지 확인합니다
시인인지 아닌지 시를 읽어도 알 수 없지간
얼굴을 보면 단번에 알 수 있다는 것이 지론입니다
시인은 어느 날인가 자신의 얼굴이
우표가 되기를 꿈꾸고 있는 것입니다
될 수 있으면 아주 싼 우표가 되고 싶다나요
그렇게 되면 많은 사람이 핥아줄 테니까
시인의 부인은 튀김국수를 만들면서
뾰루퉁한 표정을 짓고 있습니다

창(窓)
―― R.M.R에게

창은 누군가의 부릅뜬 눈이 아니다
창은 하늘을 위한 액자가 아니다
여자는 창을 연다
거기에는 언제나 이유가 있는 것이다
흙냄새 나는 아침 공기를 넣기 위해
사내가 싫어하는 생선 굽는 연기를 내보내기 위해
일 나가는 그에게 입 맞추기 위해
큰 소리로 두부 장수를 불러 세우기 위해
그녀는 창 안에서 저녁노을을 보지 않는다
저녁노을을 보려면 창에서 몸을 내민다
그러지 않으면 저녁노을의 크기는 알 수 없다
저녁노을의 맛이나 향내나 소리를 즐길 수 없다
여자가 창을 닫을 때
거기에는 언제나 이유가 있다
그녀에게 거짓 울음을 울게 하는 모래 먼지를 넣지 않기 위해
돈 없을 때 거리의 소음을 듣지 않기 위해
즐거운 식탁에서 심술궂은 밤을 몰아내기 위해
별들의 유혹에 사내의 눈이 장님이 되는 것을 막기 위해

여자는 단단히 문고리를 내려 잠그고
손으로 놓은 자수가 있는 커튼을 당긴다
그리고 방을 두 사람만의 것으로 만든다
매일매일 여자는 귀찮아하지 않고 창을 여닫는다
창턱에는 먼지 하나 없다 하지만 그것은
여자가 창을 사랑하기 때문이 아니다
창 저편의 태양을 창 안의 사내를 창 안팎의 세계를 사랑하여
여자는 언제나 창을 넘고 있다
그녀는 창에 기대지 않는다
그 오동통한 손가락으로 창을 여닫는다
그러면 참새들이 마치 자유로운 듯
그녀의 창을 들락날락하는 것이다

슬픔은

슬픔은
깎다 만 사과
비유가 아니고
시가 아닌
그냥 거기에 있는
깎는 도중의 사과
슬픔은
그냥 거기에 있는
어제 날짜 석간신문
그냥 거기에 있는
그냥 거기에 있는
뜨거운 유방
그냥 거기에 있는
석양
슬픔은
말을 떠나
마음을 떠나
그냥 거기에 있는
오늘의 사물들

hymn

아무도 없다
기도하고 싶어도
아무도 없다
나를 만들어준 놈이 없다

푸른 하늘은 거대한 맹목(盲目)의 아이
늘 딴 쪽을 멍하니 보고

아무도 없다
저주하고 싶어도
아무도 없다
나를 죽이는 녀석이 없다

배기(排氣) 냄새는 해질녘 거리에 넘치고
꿈은 소란스런 주위를 돌고 있다
아이들이 땀에 흠뻑 젖었다
'뒤의 정면은 누구?'*

아무도 없다

우리들에게 아무도 없다

별이 밤에 매달려 난처해하고 있다

---

* 둥그렇게 원을 지어, 얼굴이 보이지 않는 뒤편의 아이를 알아맞히는 놀이를 할 때 부르는 노래 구절이다.

부탁

뒤집어라 나를
내 안의 밭을 갈아라
내 안의 우물을 말려라
뒤집어라 나를
내 알맹이를 씻어보렴
놀라운 진주가 발견될 거야
뒤집어라 나를
내 알맹이는 바다 속의
밤(夜)인가
먼 길인가
폴리에틸렌 주머니인가
뒤집어라 나를
내 안에 뭔가 자라고 있지
너무 익은 선인장 밭인가
일각수(一角獸)가 지레 낳은 새끼인가
바이올린이 될 뻔했던 상수리나무인가
뒤집어라 나를
내 알맹이를 바람에 날려라

내 꿈에 감기 들리게 하라

뒤집어라 나를

내 관념을 풍화(風化)시켜라

뒤집어라

뒤집어다오 나를

내 피부를 가려다오

내 이마는 동상에 걸려 있다

내 눈은 부끄러워 새빨개지고

내 입술은 키스에 질렸다

뒤집어라

뒤집어다오 나를

내 알맹이가 태양을 숭배하게 해다오

내 위와 췌장을 풀 위에 널어놓고

붉은 암흑을 증발시켜다오

내 폐에 푸른 하늘을 쑤셔넣어다오

꼬여 있는 내 수정관을

검은 종마(種馬)들이 밟아 뭉개지게 해다오

내 심장과 뇌수는 버드나무 젓가락으로

내 애인에게 먹여다오

뒤집어라
뒤집어다오 나를
내 안의 말[言葉]들을
맘껏 떠들게 해다오, 어서
내 안의 현악 사중주를
멋대로 연주해버려
내 안의 늙은 새들을
날려보내다오
내 안의 사랑을
왕창 털리게 해다오, 악랄한 도박장에서

뒤집어라 뒤집어다오 나를
내 안의 가짜 진주는 줄 테니
뒤집어다오, 뒤집어달란 말야 나를
내 안의 침묵만은 가만히 두고
보내다오 나를

내 밖으로
저 나무 그늘로
저 여자 위로
저 모래 속으로

반복

반복해서 이렇게도 반복 반복해서, 이렇게 이렇게 반복 반복 반복해서, 반복 반복 연이어 이렇게도 반복해서 반복, 몇 번인가 반복하면 되는가 반복하는 말은 죽고 반복하는 것만이 반복 남는 반복, 이 반복의 반복을 반복할 때마다, 해는 뜨고 해는 지고 그 반복에 반복하는 나날, 반복 밥을 짓고 반복해서 맞이하는 아침의 반복에 어느덧 밤이 오는 이 반복이여

말하지 마 말하지 마 안녕이라고!
이별의 행복은 누구의 것도 아니야
우리들은 반복한다 다른 것은 없다 반복 반복해서 꿈꾸며
반복해서 만나서 껴안고 반복해서 흘리는 군침이여
이제 만날 수 없는 것을 반복
언제까지나 만나는 반복 만나지 못하는 반복의 나무 나무에
바람은 불고
오늘 반복하는 우리들의 끊임없는 기침과 냄비에 물 긷는 소리
오오 내일이여 내일이여
참으로 너는 멀구나

9월

인생은 아름다웠지
어땠지
나는 벌써 잊어버렸단다
인생은 살아나가지 않으면 안 되었지
어땠지
나는 벌써 잊어버렸단다
강가에 갖다 버렸단다
모든 것을
다리 부러진 장난감 강아지랑
하얀 덮개를 한 여름 모자랑
불발탄인 소이탄이랑 첫사랑을
강가에서
퀴퀴한 냄새 풍겨오는 강가에
버려버렸다
그러고는
노래 부르며 돌아왔단다
석양을 등에
노래를 부르며 큰 소리로

그러고는 무엇을 해야 했었지
나는 버렸기 때문에
그 다음에 무엇을

나는 잊어버렸지
이제 버렸지
어땠지
이번에는 강에서 헤엄을 쳤지
냄새 풍기는 강에서
가을 햇빛 받으며 홀랑 벗은 채
그래도
또 노래 불렀지
어땠지

입맞춤

그녀는 다른 사내의 냄새를 풍기고 돌아왔다
그래서 나는 그녀에게 입 맞출 수 없었다
그러다가 둘은 태양의 열기가 남아 있는 이불 속에 들어갔다
그날은 하루 종일 날씨가 좋았다
그래도 나는 입 맞출 수 없었다
그녀는 자기 가슴을 내 가슴에 갖다 대었다
하지만 나는 할 수 없었다
그녀가 다른 여자처럼 여겨졌다
두 사람이 만나기 전 같았다
아직 내가 그녀의 거기를 몰라서
일요일에는 혼자서 낚시를 다니던 무렵 같았다
저 조그만 늪가에서 겨울의 희미한 햇빛을 바라보며
누군가 만나기를 기다리던 무렵 같았다
나는 두려웠다
그래도 나는 할 수 없었다
그러다가 어느새 잠이 들어버렸다
커다란 초원과 같은 밤이다
달려도 달려도 언제까지 달려도

낯선 시남(詩男)

키 큰 사내를 보았다. 키 큰 사내는, 마르고, 알몸이었다. 그의 피부는 코끼리의 피부처럼 주름투성이이고, 남근(男根)은 화살표처럼 지면(地面)을 가리키고 있었다. 얼굴에는 눈이 없고, 그 대신 호두알 두 개가 열려 있었다. 그는 그것으로 나무랑 바위랑 여자를 보는 것 같았다. 시선(視線)에는 건조한 바람 같은 맛이 있었으며, 나는 숲과 그의 사이에 서서 그 시선을 모조리 마시고 있었다.

키 큰 사내는, 낮고 지친 듯한 목소리로 "실은 나는 시남(詩男)이란다"라고 했다. 그 키 큰 사나이가 뒤로 돌아서니, 그의 회색 등에는 빽빽이 글이 씌어져 있었다. 그 글자들은 모두 조그맣게 뚫린 상처들 같았지만, 나는 그것을 판독할 수가 없었다. 다만 아직은 두서너 개 글자에서, 엉덩이 쪽으로 흘러내리고 있는 얼마간의 피를, 혀로 핥아줄 수 있을 뿐이다.

황색 시인

　황색 시인은 흰 변기 위에 놓인 채 잊혀지고 말았다. 그다지 흔들리지도 않은 채 앉아 있었지만, 죽었다는 건 누구의 눈에도 뻔했다. 왜냐면 심장은 규칙적으로 1분간 75회를 뛰고 있었으며, 숨결에는 쌀밥과 진gin 냄새가 진하게 풍기고 있었기 때문이다.

　육체는 케이오당한 흔적은 없었지만, 두개골 속에는 어느 틈엔가 탁구공이 꽉 차 있어서, 그것이 그의 영감의 동력원이었던 것 같다. 나는 그의 등을 툭툭 쳐가며, 한두 마디 친구다운 말을 걸었지만, 그는 화장지를 읽느라 정신이 팔려, 나한테 아무 대답도 하지 않았다.

　내가 나가고 얼마 지나자, 물 내리는 큰 소리가 나서 들여다보니 황색 시인은 이미 없었다. 삐끗 잘못, 아주 계획적으로 자신을 흘려버리고 만 것 같다.

　(뒤끝이 없는 좋은 놈이었지)—

　머지않아 3시 시보(時報)가 있겠지 창밖에는 5월의 미풍이 불고 있다. 세상은 정말이지 냉정하다.

아침 릴레이*

캄차카**의 젊은이가
기린 꿈을 꾸고 있을 때
멕시코의 아가씨는
아침 안개 속에서 버스를 기다리고 있다
뉴욕의 소녀가
미소 지으며 잠을 뒤척일 때
로마의 소년은
기둥 끝을 물들이는 아침 햇살에 윙크한다
이 지구에서는
언제나 어딘가에서 아침이 시작되고 있다

우리들은 아침을 릴레이하는 것이다
경도(經度)에서 경도로

---

* 중학교 교과서에 실려 있는 이 시는 낭송 CD로 제작되었는데, 시인의 아들인 피아니스트 다니카와 겐사쿠(谷川賢作)가 반주를 맡았다. 이 낭송은 한 커피 회사의 텔레비전 광고에 삽입되어 더욱 널리 알려졌다. 이 광고는 2004년 일본방송연맹에서 수여하는 총리대신상을 받았다. 이 시에 대해서는 김응교, 「TV 문화콘텐츠, 다니카와 슌타로의 시 창작법」(계간 『시평』 2008년 봄호)를 참조하기 바란다.
** 캄차카(Kamchatka, Kamčatka)는 러시아 연방으로 극동에 있는 지역을 말한다. 주민은 주로 러시아인 이주민으로 이루어져 있다.

말하자면 교대로 지구를 지킨다
자기 전에 잠깐 귀 기울여보면
어딘가 먼 곳에서 알람시계가 울리고 있다
그것은 당신이 보낸 아침을
누군가가 잘 받았다는 증거인 것이다

강

엄마
강물은 어째서 웃고 있어?
태양이 강을 간지럽히기 때문이란다

엄마
강물은 어째서 노래하고 있어?
종달새가 강이 부르는 노래를 칭찬했기 때문이란다

엄마
강물은 어째서 차갑지?
언제인가 눈[雪]의 사랑을 받았던 추억 때문이란다

엄마
강물은 몇 살쯤 됐어?
언제 보아도 젊은 봄과 같단다

엄마
강물은 어째서 쉬지 않아?

그건 말이야 바다인 어머니가
강물이 오기를 기다리고 있기 때문이란다

아름다운 여름 아침에

거인이 되고 싶다
이 산 저 산을
이 구름을
이 푸른 하늘을
이 여름 아침을
양팔로 받아들이고 싶다
거인이 되고 싶다
산 저편의 행복을
손가락으로 집어서
호주머니에 넣고
밤으로 향하는
모든 그리움을
작은 새처럼
잡아버리는
거인이 되고 싶다
하루 한 번 울리는 심장
영원을 바라보는 눈동자
태양에 화상 입은 손가락 끝

일기에는 역사를 기록하여
혁명의 비참을
배신의 영광을
빠짐없이 양손으로 건져내는
거인이 되고 싶다
암흑의 우주에 몸 던져
흘러가는 은하에서 수영하고
양팔에 지구를 안고서
묵묵히 눈물을 흘리고 있는
영원히 무력한
거인이 되고 싶다

그렇지 않으면 오히려
한 마리 개미가 되고 싶다
달개비꽃 미로에서 끝없이 헤매며
언제까지도 계속 헤매고
그래도 좋다
이 아름다운 여름 아침에

새의 깃 1

무엇 하나 쓸 게 없어
내 몸뚱이는 햇볕에 드러나 있어
내 마누라는 아름다워
내 자식들은 건강해

진실을 말할까
시인인 체하지만
난 시인이 아니야

난 만들어져 여기에 방치되어 있어
바위틈에, 저것 봐, 태양이 저렇게 떨어져서
바다는 오히려 어두워

이 한낮의 고요 외에
자네에게 하고픈 말은 없네
설령 자네가 그 나라에서 피 흘리고 있더라도
아아 이 변함없는 눈부심!

산다

살아 있다는 것
지금 살아 있다는 것
그것은 목이 마르다는 것
나뭇잎 새의 햇살이 눈부시다는 것
문득 어떤 멜로디를 떠올려보는 것
재채기하는 것
당신의 손을 잡는 것

살아 있다는 것
지금 살아 있다는 것
그것은 미니스커트
그것은 플라네타륨*
그것은 요한 슈트라우스
그것은 피카소
그것은 알프스

---

* 플라네타륨 planetaruim은 반구형의 천장에 설치된 스크린에 달, 태양, 항성, 행성 따위의 천체를 투영하는 장치로, 천구(天球) 위에서 천체의 위치와 운동을 설명하기 위해 만든 구조물이다.

아름다운 모든 것을 만난다는 것
그리고
감춰진 악을 주의 깊게 막아내는 것

살아 있다는 것
지금 살아 있다는 것
울 수 있다는 것
웃을 수 있다는 것
화낼 수 있다는 것
자유로울 수 있는 것

살아 있다는 것
지금 살아 있다는 것
지금 멀리서 개가 짖는다는 것
지금 지구가 돌고 있다는 것
지금 어디선가 태아의 첫울음이 울린다는 것
지금 어디선가 병사가 다친다는 것
지금 그네가 흔들리고 있다는 것

지금 이 순간이 흘러가는 것

살아 있다는 것
지금 살아 있다는 것
새가 날갯짓 한다는 것
바다가 일렁인다는 것
달팽이가 기어간다는 것
사람을 사랑한다는 것
당신의 손의 온기
생명이라는 것

사랑의 시작

너를 끊임없이 생각하면서도
네 얼굴이 도저히 떠오르지 않아
정신 차려 보니 문득 귀에 익은 음악 한 소절을
반복해서 읊조리고 있는 거야
너를 만나고 싶지만
그것은 정열이라기보다는 오히려 호기심으로
내가 도대체 어떻게 되어버린 건가
다시 한 번 네 앞에서 나의 마음을 확인하고 싶은 거야
그 이전의 일은 떠오르지 않네
너를 포옹하는 것도 상상할 수 없어
단지 네가 없는 세계가 정말 따분해서
나는 고속 촬영하는 영화 속 배우처럼
천천히 담배에 불붙이는 거야
그러면 너 없이 살고 있다는 것이
하나의 쾌락처럼도 생각돼
너는 어쩌면 언젠가 내가 타국에서 본
아득한 옛날 아름다운 조각상의 하나일지도 몰라
그 옆에서 분수는 높이 솟아 햇살에 빛나고 있네

아침 축제

아침이 되면
작은 네 개의 발이 뛰어다니고
우리의 나무집은 울려퍼지며
큰 북이 된다

아침이 되면
멋대로 나오는 말로 노래하게 되는 괴기한 선율
우리의 역사는 일순 역전하여
원시 시대

아침이 되면
가스레인지의 불은 활활 타고
식탁 위의 빵 조각과 콘페티*

---

* 콘페티Confetti는 본래 이탈리아 말로 사탕과자라는 뜻이다. 고대 그리스에서는 결혼식 때 신랑 신부의 머리 위에 사탕과자를 뿌려 자손이 많이 생기기를 빌었다고 하는데, 이 사탕과자를 콘페티라고 한다. 최근에 일본이나 한국에서의 콘페티는 결혼식장에서 식이 끝나고, 신랑 신부가 퇴장할 때 신부의 머리 위에 뿌려주는 것을 말한다. 이 시에서 시인이 사탕과자라고 쓰지 않고 '콘페티(コンフェッテイ)'라고 쓴 것은, 결혼식의 새로운 출발을 은유하려는 의도일 것이다.

아침이 되면

악마도 신도 엉망으로 섞여

우리는 이유도 모르고 오늘의 축제를 축하한다

내가 노래하는 이유

내가 노래하는 이유는
한 마리 새끼 고양이
흠뻑 젖어서 죽어가는
한 마리 새끼 고양이

내가 노래하는 이유는
한 그루 느티나무
뿌리 잘려서 시들어가는
한 그루 느티나무

내가 노래하는 이유는
한 명의 아이
놀란 눈 크게 뜨고 두려움에 꼼짝 못하는
한 명의 아이

내가 노래하는 이유는
한 명의 어른
눈길을 외면하고서 쪼그리고 앉은

한 명의 어른

내가 노래하는 이유는
한 방울의 눈물
분함과 조바심의
한 방울의 눈물

제3부

1975~1989

일부(壹部) 한정판 시집 『세계의 모형』 목록

이리자와 야스오* 증정

 이 시집은 아래에 기술한 물건을 한 개의 유한대(有限大)의 용기에 수납하는 것에 의해 성립되는 물건이다. 의장등록 신청 중. 비매품.

1. 깃털. 길에서 주운 것. 아마도 참새의 가슴털.
2. 용수철. 놋쇠 제품. 직경 15미터 길이 50미터 정도.
3. 그림 엽서. 발신자의 이름을 판독하기 불가능한 것.
4. 감귤색 셀로판지 한 장. 한쪽 눈에 대고 풍경을 볼 수 있음.
5. 실리콘 정류(整流)** 소자(素子). 1N34 혹은 같은 제품.
6. 망상(妄想) 지구. 만일을 위해 학명(學名)을 써둔다면 Phyllostachys heterocycla var. pubescens.
7. 종이비행기. 1973년도에 출판된 임의의 시집의 1페이지를 재료로 한다.
8. 모래. 가볍게 한 줌. 건조되어 있을 것.
9. 오블라토,*** 일본 약국의 것.

---

  * 이리자와 야스오(入澤康夫)는 일본의 중요한 현대 시인이다. 『죽은 자들이 떼 지어 있는 풍경』(1982)으로 유명하다. 시집에는 『이리자와 야스오 시집(入澤康夫詩集)』(現代詩文庫), 『이리자와 야스오 집성(入澤康夫集成)』(靑土社, 1979) 등이 있다.
 ** 정류(整流)는 전류를 교류에서 직류로 바꾸는 것을 말한다.
*** 오블라토oblato는 먹기 어려운 가루약 따위를 싸는 데 쓰는 비닐 같은 것이다.

10. 국철 비코 선 니우푸 히가시비후카몬*으로 가는 편도 차표, 검표하지 않을 것.

11. 무엇인지 모를 청색 물건 하나.

12. 사망신고서, 도쿄도 스기나미구(杉並区) 구청의 검인(檢印)이 있는 것, 한 통.

13. 고킨(口琴)**

14. 비상(非常)인 경우, 이 시집을 완전히 파괴 가능한 양(量)의 폭약. 비상인 경우가 어떤 경우인지에 관해서는 독자의 판단을 기다린다.

15. 물건 4의 셀로판이 너무 클 때 사용할 가위, 이것은 물건 7의 제작에 이용할 수도 있음.

16. 아직은 이름 붙여지지 않은 것. 즉, 그것을 구성하고 있는 각각의 부품은 침엽수의 잎, 마시멜로,*** 녹슨 한 치짜리 못, 안개 모양의 액체, 미약한 초단파 발진기(發振器), 약 300그램의 다진 고기〔合挽肉〕 등 정확한 명

---

*국철(國鐵) 비코 선(美幸線)은 1964년에 생겼다가 1985년 9월에 폐지된 홋카이도의 열차 노선이다. 눈 경치가 기가 막힌 비코 선은 히가시비후카몬(東美深門)의 산간지를 거쳐 종점 니우푸(仁宇布)로 향하는 꿈의 기차선으로 알려져 있다.
**입에 물고 퉁겨 소리를 내는 악기로, 말 그대로 '입에 문 거문고〔口琴〕'이다. 홋카이도 아이누족의 민속 악기로 대나무로 만든 것과 철로 만든 것이 있다.
*** 마시멜로marshmallow는 녹말 시럽, 설탕, 젤라틴 등으로 만든 말랑말랑한 젤리 같은 과자를 말한다. 아이스크림에도 넣어 먹는다.

칭을 갖고 있지만 그 전체는 호칭 불능.

17. C30형 카세트테이프에 녹음된 여러 인간의 신음.

18. 밀봉된 낡은 성냥갑.

19. 무엇인지 모를 청색 물건 하나 더.

20. 쓸데없지만 어떤 의식적(儀式的)인 악센트를 가지는, 예컨대 하얀 나무젓가락 같은 것, 또는 하얀 나무젓가락 그 자체.

21. 물건 2를 압축한 위치에 확보하기 위한 강철제 니켈 도금의 작은 장치.

22. 열에 의해 구부러진 음반 한 장. 도둑질한 물건이라고 해도 무방하다.

23. 해바라기 씨 한 봉지.

24. 5만분의 1 지형도 나가노(長野) 6호, 저작권을 갖고 있는 인쇄인 겸 발행자, 지리조사소(地理調査所). 다이쇼(大正) 원년 측도(測圖) 쇼와(昭和) 12년 수정 측도(修正測圖).

25. 과도.

26. 빗. 다 낡아 빠졌다.

27. 목제 팽이.

28. 빨간 색연필 한 자루. 문자를 쓰기 위한 것이라기보다 오히려 말살하기 위한 기구(器具), 즉 언어에 대한 일종의 흉기로서.

29. 맛의 요소, 혹은 맨 처음 맛.

30. 임의(任意)의 신문 연재만화를 오려낸 것. 수량을 지정하지 않음.

31. 어떤 특정한 개인에게 있어서, 혹은 한정된 의미를 갖는 기념품. 중량 5킬로그램 이하의 것.

32. 물건 10을 구입할 수 있을 만큼의 화폐. 단 해당 물건의 품귀 현상일 경우에 한함.

33. 물건 6 취소. 일종의 퇴고(推敲)의 결과로서.

34. 물건 23의 생육(生育)에 필요한 토양(土壤). 강우(降雨) 및 일조(日照)를 포함한다. 즉, 이 시집은 불특정 독자의 참가 없이는 성립되지 않는다.

35. 물건 34의 실현이 가능한 시간.

36. 물건 35의 계량(計量)에 필요한 달력.

37. 원자 폭탄. 가장 고전적인 기구(機構)의 것으로 한 종류. 간명한 사용설명서를 첨부한 것.

38. 물건 14 취소.

39. 물건 37의 수납을 지시한 건에 따라, 이 시집 실현의 가능성은 극도로 작아지고, 시집에 있어서도 오히려 시집 목록에서 시의 성립을 꾀한다고 하는 편의적인 방법을 채택하지 않을 수 없음. 즉, 다음의 물건이 즉시 필요하게 된다.

40. 소사전(小辭典). 이미 절판된 것이 바람직하다.

41. 물건 27 철회. 문체(文體) 변경에 수반되는 응급조치.

42. 물건 5 말소. 위와 같음.

43. 물건 43 소거(消去). 위와 같음.

44. 물건 25 삭제. 위와 같음.

45. 물건 45 결번(缺番).

46. 1940년경 기원절(紀元節)로 불리는 축일에, 소학교 학생들에게 무료로 배부한 국화 모양의 홍백색 과자.

47. 거미집 한 채.

48. 가면.

49. 얼크러진 털실 한 타래.

50. 민법에 의하여 구속되어, 한편으로는 적어도 한 번은 노래로 불린 것.

51. 용도 불명으로 갈색 광택을 갖고 있는 것.

52. 질투의 결과로서 파괴되어, 그 뒤에 복구되고, 기록에 남아 있는 것.

53. 난잡하고, 여전히 증식(增殖)되고 있으며, 소금물을 붉게 물들이는 것.

54. 깃발 하나, 미풍에 펄럭이는 것.

55. 지장(指章) 혹은 서명(署名). 법적으로 유효한 것.

56. 약 3헥타르의 고구마밭.

57. 흑인 여자가 평생 뱉은 침.

58. 역대의 화가에 의하여 그려지고 있는 빈민굴의 세밀도(細密圖).

59. 석질 운석의, 입수 가능한 가장 큰 파편.

60. 이 목록의 불가피한 팽창 및 가속을 억제하기 위해, 일단 물건 1에서 59까지 이미 취소, 말소, 소거, 삭제, 철회한 것을 포함하여 이를 보류한다. 이 행위에 의한, 이 시집 및 시집 목록의 상대적인 변화의 기술은 생략.

61. 이 목록이 제3종 우편물로 인가된 인쇄물로 복제된 경우에는, 그 인쇄물 한 권을, 전 페이지를 삼줄[麻系]로 종횡으로 꿰맨 다음 수납할 것.

63. 물건 7의 보류를 해제함.

64. 물건 7의 부양(浮揚)에 충분한 대기(大氣)를 용기(容器) 밖에 확보할 것.

65. 이 목록의 작성자가, 목록에 관한 일체의 법적, 도의적, 예술적 책임 해제를 신청하는 서류 한 장. 제출할 곳은 불특정 독자 앞으로 한다.

66. 물건 23, 34, 35의 보류 해제.

잔디

그리고 나는 언젠가
어딘가에서 와서
느닷없이 이 잔디 위에 서 있었다
이루어야 할 일은 모두
나의 세포가 기억하고 있었다
그래서 나는 인간의 형태를 띠고
행복에 대해 이야기하기까지 했던 것이다

질문집

눈을 뜨고 있으면서, 아무런 생각도 안 할 수 있습니까. 아무런 생각도 안 하고 있다는 것마저 생각 안 하고?

긴 담벼락을 따라 당신은 달리고 있다. 담벼락 안에서는 아마 고문이 행해지고 있고, 앞마당에는 박꽃이 피어 있다. 당신은 빈털터리다, 당신에게는 돌아갈 집이 없다. 그런 꿈을 꾸지 않으려면 어떤 현실이 필요할까요?

지금 서 있는 그 자리에서 정면으로 세 걸음 걷고, 오른쪽으로 직각으로 돌아 두 걸음 걷고, 그리고 다시 한 번 오른쪽으로 여섯 걸음, 거기서 눈을 가볍게 감는다. 자, 어떤 냄새가 납니까?

눈앞에 한 마리의 개가 있습니다. 마음속으로 당신은 두 마리째의 개를 상상합니다. 그리고 다시 세 마리째를…… 도대체 몇 마리째부터 당신의 상상력은 쇠퇴하기 시작할까요?

아마도 우주 계획을 위해 발명된 물질이겠지요. 극도로 딱딱한 표면을 갖고 있는 것입니다. 그 물질을 매만지고 있을 때, 시(詩)

는 어디에 있습니까?

　　　　어느새인가 어디선가 잃어버리고 만 작은 물건, 그것을 잃어버린 사람은 누구입니까? 그리고 그 행방은 어디입니까? 가령 그 물건의 세세한 부분이 생생하게 당신 기억에 남아 있다 하더라도.

　　　　　　　　　　"안녕!" 하고 누구에게도 인사하지 못한 채 아침이 되었다. 그 아침은 "안녕!" 하고 인사할 수 있는 아침과 어떻게 다른가요? 이를테면 김이 나는 한 그릇의 된장국에 있어서도.

　　　　들에 피어 있는 이름 모를 한 떨기 작은 꽃, 그것이 질문이고 동시에 대답일 때, 당신은 도대체 무엇이란 말입니까?라는 질문에 나는 대답하지 않으면 안 된단 말인가요?

　　　　　　　　누구에게도 거짓말하고 싶지 않다고 어느 오후에 생각했다고 하면, 이때 아무래도 꼭 거짓말을 해야 할 상황을 즉석에서 몇 가지나 상상해낼 수 있겠습니까? 물론 어떤 감상도 섞지 않고.

당신이 낼 수 있는 가장 큰 목소리. 그 목소리를 당신은 어디에 쓸 것인지요. 노여움의 표현, 기쁨의 표현, 고통, 아니면 타인에 대한 강제, 혹은 또 단순한 장난에?

　　　　　　　　　　　　　　　　　　　촛불 아래 한 권의 사전이 펼쳐져 있습니다. 당신은 어떤 식으로 그 사전에서 도망갈 것인가요? 나아가 깊이 언어의 뜻에 사로잡혀서, 그렇게 대답해도 진정 괜찮겠는지요?

　　　　　　뜻하지 않은 은총처럼 눈이 쌓인 그날 아침, 질문이라는 그 상승 조의 억양이 견디기 힘들다고 당신은 갈했었지요. 그러나 대답이라는 그 의기양양한 얼굴의 단조로운 선율로 또한 당신을 초조하게 만든다면…… 하지만 질문도 대답도 아닌 것이 도대체 이 세상에 있단 말인지요?

　　　　　하나의 의자가 있고, 당신은 거기에 허리를 기대고 있다. 의자를 만든 사람은 어디로 가버렸을까요? 그리고 당신은, 어디에 있는 것인가요?

　　이미 잊었다, 고 당신은 말하는 것인가요? 하지만 잊었다는 것만은 기억하고 있군요. 그것으로 정말로 잊은 것이 되는 건가요?

좋은 아이

옆집 사는 요짱은 정말 착한 아이
부모님이 하는 말 그대로 듣고
시험은 언제나 백 점 받고
술도 안 마시고 담배도 안 하고
하루에 여섯 번 이를 닦는다

옆집 사는 요짱은 진짜 착한 아이
받은 용돈 모두에게 되갚고
학원에서 학원으로 한눈팔지 않고
텔레비전도 보지 않고 만화도 안 읽고
꿈속에서는 화장실 청소

치통

오늘은 이가 쑤신다
위쪽 안에서 세번째 이가 아프다
아픔은 점점 퍼져가는 듯하다
사람을 만나면 안 그런 표정을 짓지만
이미 볼 전체가 열을 내고 있다

아픔이 히틀러 군대처럼
뺨에서 관자놀이로 코로 눈으로 머리 전체로
재빨리 침투하지 않는다는 보장은 없다
더욱이 머리에서 목으로 가슴으로 배로 손발로
온몸이 아픔 그 자체가 되어버리는 것도 생각할 수 있다

그와 같은 참상을 막는 방법을 지닌 자는
말할 것 없이 치과의사이지만
로렌스 올리비에가 연기한
나치의 생존자가 치과의사가 사용하는 드릴로
죄수를 고문하는 영화를 본 적이 있다

그러한 공포에 직면할 바엔

차라리 죽어버리고 싶다고 생각하는 것은

으레 겁나기 때문

설령 죽을 들이키고라도 삶을 연장하여

어느 날엔가 소카센베*를 질근질근 씹어버리자

---

* 소카센베(草加)는 에도시대 때 지금의 사이타마현(埼玉縣) 소카시(草加市) 부근의 농가에서 논일을 하다가 쉽게 먹을 수 있도록 만든 과자를 말한다. 이것은 아침에 먹다 남은 밥을 으깨어, 조금 반죽을 한 후, 얇게 펴서 소금을 살짝 뿌려가면서 불에 구운 음식이다. 처음엔 서민 음식이었으나, 시간이 지나면서 아예 맵쌀을 갈아서 증기에 찌고 반죽하여 말려서 만들었기 때문에, 오래 보관도 되면서 밥 대용으로 먹을 수 있게 되었다. 이것을 산업화하여 팔기 시작했는데, 상업적으로 성공하여 지금도 널리 알려져 있다.

운다

울고 있을 때 전화가 울려
눈시울을 눈물로 적신 채
상대의 농담에 나는 웃었다

내가 운 이유는 통속 소설의 통속적인 한 줄 때문이지만
하지만 울 수 있다는 것에 나는 구원받아
덕분에 웃었을지도 모른다

웃으며 전화를 끊은 뒤 담배에 불을 댕기고
나는 내 감정에 대해 생각했다.
그것을 뭐라고 이름 지을 수 있을까 하고

끝내 이름 짓지는 않았다
창밖에서는 찬바람이 신음하고
난 이제 더 이상 계절의 시어*를 갖고 있지 않다

---

* 원문은 '기고(季語)'로, 일본 문학의 렌가(連歌)나 하이쿠(俳句)에서 계절을 나타내기 위해 정해진 시어를 말한다. 예를 들어 '나물의 꽃(菜の花)'은 봄을 나타내고, '금붕어(金魚)'는 여름을 나타낸다.

나를 묶는 제도 속에서
감정은 출구를 잃고
그 모든 것이 분노를 띠어오지만

그것조차 나의 것인지 분명치 않다
눈시울은 이미 말라
맹목적으로 살고 있다는 사실만이 남아 있다

물의 윤회

1. 이끼가 있고
   마음이 있어

   영원히
   시간은 남아

2. 이슬은
   더듬거리며

   물방울에 실리어
   가는 피안(彼岸)

3. 구멍에 구멍 뚫고
   구멍을 뚫고

   호색(好色)스런 손가락은
   보이지 않고

4. 쓸개 빠진 사이
그 사이에
또 그 사이에
도깨비도
구렁이도 나오지 않고

5. 문드러진 발바닥에 밟히는 땅의 옷

6. 지하수에 고이는 신음은 방아두레박
던져도 던져도 닿지 않는 내세(來世)
내세다 내세다 물을 달라는
물 싸움에 흘리는 피는
젖어들고 모이고 고여서는 배어들고
그렇게 얻은 무논에 누군가가 있다
물의 신(神)인지 애매하고
물거품인지 애매하고
혹은 눈물에 젖은 땅의 봉기

흘리는 눈물도 물거품이런가
좋은 일 궂은 일 물결 위에 띄워놓고
오늘은 즐거운 물의 축제*
유수관정(流水灌頂)**의 하얀 깃발에
흘러버린 아기가 매달려
돌고 도는 물레방아

7. 짜고 또 쥐어짜는
  미소 짓는 비단이 땀에 전 무명을
  아직도 물이 있다며
  물의 배[復]까지 쥐어짜는
  물의 감옥에서 물 먹여 고문하여
  토해버린 담즙

---

* 물 축제[水祝]는 모내기가 끝나면 축제에 참가한 사람들 중 아무나 붙들어 물을 뿌리는 일본 시골의 풍습이다.
** 강변에 포장을 치고 국자를 마련해두고 행인에게 물을 한 국자씩 포장 위에 뿌리게 하는 풍습을 말한다. 아기를 낳다가 죽은 산모의 넋을 애도하는 일본의 풍습으로 이 포장의 색깔이 퇴색할 때까지는 망령이 떠오르지 않는다고 한다.

부어올라 무슨 비밀도 지니지 못한 채
배만 뚱그렇게 부어 죽은 가난한 농민들

끈적끈적 폐수가 흘러가고
물거울에 비친 어제, 오늘, 내일
개연꽃 부자(父子) 대대로
흐르고 흘러

8.   일시적인 H_2O
     물이란 무얼까
     이런 물 저런 물이란 것은
     역사에서 새어 나와
     비유에서 끓고
     정신에서 넘쳐
     끝도 없이
     배고 솟아나고

     더러워진 유리컵 속의 미지근한 물이

　　　　갈증을 풀어주기에
　　　　나는 수평선을 타고 넘을 수 없다

9.　　숫처녀가
　　　입가심하는 샘물

　　　아침 이슬에 비치는
　　　삼천세계(三千世界)*

10.　　비뚤어진 터빈turbine

　　　늙어버린 삼각주(三角洲)

　　　일렁이는 해파리

　　　단세포(單細胞)

---

* 불교의 우주관으로 삼천대천세계(三千大千世界)의 줄임말이다.

그 사람이 노래를 부를 때

그 사람이 노래를 부를 때
그 목소리는 멀리서 들린다
웅크린 한 노인의 추억에서
헛되이 죽은 많은 태곳적 메아리에서
서로 싸우는 곳곳의 태곳적 메아리에서
서로 싸우는 곳곳의 틈바구니에서
그 목소리는 들린다

그 목소리는 훨씬 멀리서 들린다
아주 먼 옛날 바다의 깊은 물결 속에서
쌓이는 내일의 눈에 자리한 고요 속에서
그 사람이 노래를 부를 때
잊고 있던 기도의 무거운 속삭임 속에서
그 목소리는 들린다

그 목소리는 쉬지 않는 깊은 우물
그 팔은 보이지 않는 죄인을 꼭 껴안는다
그 다리는 채찍처럼 대지를 때린다

그 눈은 빛의 속도를 따라잡고
그 귀는 아직 태어나지 않은 아기의
아주 작은 발소리에 귀를 기울인다

그 사람이 노래를 부를 때
한밤중 본 적 없는 아이의
한 방울 눈물은 나의 눈물
어떤 말로도 안타까움이 가시지 않을 때
한마디 분명한 대답이 들린다
그러나 노래는 또다른 새로운 수수께끼의 시작

각 나라들의 경계를 넘어 사막을 넘어
고집스런 마음 움직이지 않는 몸을 넘어
그 목소리는 멀리까지 닿는다
미래로 미래로 그 목소리는 닿는다
세상에서 가장 불행한 사람에게까지
그 사람이 노래를 부를 때

물을 읽는다

30여 년 전에는, 그를 위한 잘 다듬어진 검은 석판이 있었다고 하나, 지금은 그저 평범한 판유리를 쓰고 있다. 미라카라고 불리는 점치는 남자는, 이렇다 할 장식 없는 흔한 나무 기둥에 판유리를 세우고, 옆에 있는 토기에다 길어온 물을 담고, 이 물에 오른손을 담갔다가 뭐라고 외치며 손에 묻은 물을 판유리에 세게 내리치듯 뿌린다. 물은 판유리 표면에 흩어져 선을 그으며 방울방울 아래로 떨어진다. 그 물방울의 수, 모양, 떨어지는 속도 등을 미라카는 읽는 듯싶다.

물을 읽으면서 그는, 연방 신음소리를 낸다. 의미 있는 말도 아니고, 또한 의성어도 아닌 그 소리는, 물방울 각각의 움직임과 싱크로나이즈되어 마치 그 공연을 음성화하듯이 들린다. 당연히 불규칙하나마 리듬, 다소나마 억양을 가지고 있으나, 노래라고 분류할 만큼 정돈된 형태를 띠고 있지는 않으며, 주변 사람들이 따라 부르지도 않는다.

미라카의 이런 황홀경의 상태는, 판유리 위에 있는 물이 완전히 증발할 때까지 계속된다. 물이 다 마른 후, 물에 포함되었던 불순물로 만들어진 유리 위의 흔적은, 그가 읽는 대상이 아니다. 그는 그저 물이 대기 중으로 사라지기를 기다릴 뿐이다. 점을 친 결과는, 마지막에 매우 간결한 두 단어 중 하나로 표현된다. 그가 '하'라고 하면 긍정을 의미하고, '네'라고 하면 부정을 의미한다.

미라카에게 점을 보러 오는 사람은, 요컨대 긍정이든 부정이든 둘 중 하나로 대답할 수 있는 질문만을 할 수 있다. 답을 얻은 후, 미라카는 판유리를 정성스럽게 핥는다. 이는 다소 익살스러운 광경이다. 그러고 난 다음 그는 의뢰자가 가져온 바가지 닮은 그릇에 소변을 본다. 이 소변은 의뢰자 및 그 가족의 사유물로 인정되어, 이 지방에서 종종 발생하는 공수병(恐水病)의 특효약으로 음용된다고 하는데, 그 효과는 확실하지 않다.

미라카는 점을 쳐준 대가로, 통상 닭 세 마리를 받는다.

게다가, 점을 치기 전 3일 동안, 미라카는 수분을 일체 취하지 않는다. 액체는 물론이고 수분이 포함된 음식도 취하지 않기 때문에, 사실 단식에 들어간다고 할 수 있으며, 더욱이 그는 단식하는 동안 소변도 볼 수 없다고 한다. 보통 소변을 '노시리'라고 하지만, 점을 친 다음 미라카의 소변은 '야메시나리'라고 해서 둘을 분명하게 구분한다.

메모

a. 미라카가 속해 있는 사회는 무문자(無文字) 사회. 물방울로 문자를 연상해낼 리는 없다.

b. 예를 들면 로르샤하 테스트*처럼, 물방울 모양으로 현실 또는 환상 상태에서 어떤 다른 형태를 연상해내는 것은? 미라카에게 실시한 같은 테

스트에서 반응수가 매우 낮은 것으로 보아, 부정적.

　c. 물방울이 판유리 위에서 아래로 하강함에 따라, 그의 의식 역시 의식의 아래로 향한다? 이러한 사고방식은 약간 이치에 맞지 않는다.

　d. 표정을 관찰하고 있으면, 미라카가 일종의 최면 상태에 있음을 알 수 있다. 3일 동안 수분을 취하지 않아서, 분명 엄청난 갈증을 느꼈을 것이기 때문에, 물에 대한 갈망이 그를 황홀경으로 이끈다?

　e. 물을 '읽는다'고 우선 표현했으나, 미라카가 시각뿐만 아니라 청각, 후각, 촉각 등 온몸과 마음에 있는 감각을 분화시키지 않고 하나로 통합한 그 위에, 나아가 더욱 한층 깊이 자리한 감각을 움직이려는 것은 분명하며, 우리는 이를 상상력이라고 부르고는 있지만 아마도 극한에 가깝다.

　f. 이럴 경우 물을 무엇이라고 이름 붙여야 하는가? 기묘한 용어지만 '초월적 정보원(超越的 情報源)'이라고 부르는 것은 어떨까?

　g. 영혼의 수화(水化)? 다시 말해 물의 영혼화? 미라카는 결국 물이 되려고 한다. 그럴 경우 이 물은 현실에 존재하는 물방울을 의미하는 것이

＊ Rorschach test: 검정색·회색 또는 다양한 색상으로 이루어진 10장의 잉크 무늬를 사람에게 보여주고, 그 무늬가 어떻게 보이는지 느낌을 말하게 하여, 그 자료로 그 사람의 정신상태를 진단하는 검사법을 말한다. 이 검사법은 스위스의 정신의학자 헤르만 로르샤흐가 1921년 처음 소개했다.

아니다. 그것은 대기에 포함되어, 땅을 적시고, 식물에 흡수되어, 동물이 마시며, 습기가 되고, 강이 되기도 하며, 구름이 되기도 하는 물의 모든 사이클, 쉬지 않고 모습을 바꾸며 멈추지 않는 물의 움직임 그 자체인 것이다.

h. 태고에 처음 형성된 물분자 하나, 그것은 지금도 그대로 존재한다?

I. 미라카의 신음소리는 물의 움직임을, 혀나 목구멍의 움직임으로 번역(?)하는 것으로, 시각보다 훨씬 직접적인 형태로 물을 체내로 불러들이고, 영혼을 밖으로 내보내 물과 동화시킨다. 이 둘은 아마도 동일한 하나의 행위라고 할 수 있다. 음악의 시작은 시(詩)의 시작!

j. 그가 자신을 물에 집중시키고 있을 때, 그 자신은 동시에 외부 세계로 끝없이 퍼져나가고 있는 것은 아닐까? 개개체로서의 자신.

k. 사실 3일 동안의 단식은, 옛날에는 훨씬 길었을 가능성이 있다. 점을 친 다음, 미라카가 사망한 경우가 몇 번 있다는 것이 민간에 전해지고 있다.

l. 미라카가 사용하는 물은, 특별히 성별(聖別)된 물이 아니라는 점에 주의. 강물, 우물물, 빗물 등 어떤 물이든 이용했다. 오늘날에는 병에 든 청량음료수를 사용하는 예도 있다고 한다.

m. 물은 은유가 아니라는 것, 상징도 아니라는 것, 물은 우리의 현실

그 자체라는 것. 또는 물을 가능한 한 현실로 이끌려는 시도가 바로 점치는 행위라고 생각할 것.

    n. '하' 또는 '네'가, 정말 답일까 아닐까? 사실 답은 어느 쪽이든 좋다. 우주를 상대로 하는 놀이……

신문

내일 아침에 또 신문이 온다
그런 생각을 하자 그는 울고 싶어졌다
어디 먼 높은 산에서
커다란 독수리가 날아와
그 날개로 안아줄 것 같은 기분
아아, 내일 아침에도 신문을 읽자
새 잉크의 냄새를 맡으면서

신문에 써 있는 것이라면
어떤 내용이라도 그는 무척 좋아한다
살인사건을 옛날이야기처럼 읽고
주가 상승을 낯간지러워하고
쿠데타에 얼굴 붉어지면서
그는 세계의 끝없는 잔인함을
변기에 앉아 마음껏 맛본다

죽은 남자가 남긴 것은

죽은 남자가 남긴 것은
아내 하나, 아이 하나
다른 것은 아무것도 남기지 않았다
묘비 하나 남기지 않았다

죽은 여자가 남긴 것은
시든 꽃 한 송이, 아이 하나
다른 것은 아무것도 남기지 않았다
옷 한 벌도 남기지 않았다

죽은 아이가 남긴 것은
비틀린 다리 말라버린 눈물
다른 것은 아무것도 남기지 않았다
추억 한 조각 남기지 않았다

죽은 병사가 남긴 것은
부서진 총과 일그러진 지구
다른 것은 아무것도 남기지 못했다

평화 하나 남길 수 없었다

죽은 그들이 남긴 것은
아직 살아 있는 나, 그리고 너
다른 누구도 남아 있지 않다
다른 누구도 남아 있지 않다

죽은 역사가 남긴 것은
빛나는 오늘과 다시 찾아올 내일
다른 것은 아무것도 남아 있지 않다
다른 것은 아무것도 남아 있지 않다

슬픔에 대해서

최초의 슬픔은
눈물과 사과
두번째 슬픔은
절규와 바다

세번째 슬픔은
침묵과 돌멩이
슬픔을 건디려다
사람은 슬픔을 잃어버린다

네번째 슬픔은
냉소와
혼란—

그리고
최후의 슬픔은 이제
꿈속에만 있을 뿐

안녕

나 이제 가야 해
지금 당장 가야 해
어디로 가는지 몰라도,
벚나무 가로수 아래를 지나
큰 거리를 신호에서 건너
언제나 바라보던 산을 이정표 삼아
혼자 가야 해
왜 그런지 몰라도
엄마 미안해요
아빠한테 잘 해줘요
나 아무거나 안 가리고 뭐든 잘 먹을게
지금보다 책도 많이 읽을게
밤에는 별을 볼게
낮에는 여러 사람과 얘기할게
그리고 꼭 가장 좋아하는 걸 찾을게
찾으면 죽을 때까지 소중히 갖고 있을게
그러니까 멀리 있어도 외롭지 않아요
나 이제 가야 해

거짓말

나는 반드시 거짓말할 거야
엄마는 거짓말하지 말라 하지만
엄마도 거짓말한 적이 있어서
거짓말은 괴로운 걸 아니까
그러는 거라고 생각해
하고 있는 말은 거짓이어도
거짓말하는 마음은 진짜야
거짓말로밖에 말할 수 없는 사실이 있어
개도 만약 말할 수 있다면
거짓말 안 할 수 있을까
거짓말해도 거짓말이 탄로난대도
나는 사과하지 않을 거야
사과해서 끝날 만한 거짓말은 하지 않을 거야
아무도 몰라도 나만은 알고 있으니까
나는 거짓말과 함께 살아간다
도저히 거짓말을 할 수 없게 될 때까지
늘 진짜를 그리워하면서
몇 번이든 몇 번이든 나는 거짓말할 거야

알몸

혼자 집 지키고 있는 한낮
갑자기 발가벗고 싶어졌어
머리부터 옷을 벗고
속옷도 벗고 팬티도 벗고
양말도 벗었어
밤에 욕탕에 들어갈 때하고는 전혀 달라
가슴이 마구 뛰고
춥지도 않은데 팔이랑 허벅지에
소름이 돋아 있어
발치에 벗은 옷이 살아 있는 것 같아
내 몸 냄새가
훅 끼쳐와
배를 보니 매끈매끈
끝도 없이 이어져 있어
해님이 닿아 타오르는 듯해
내 몸을 만지는 것이 무서워
나는 바닥에 달라붙고 싶어
나는 하늘에 녹아버리고 싶어

비밀

누군가가 뭔가를 숨기고 있어
누군지 모르지만
뭔지도 모르지만
그걸 알면 분명 뭐든지 알 수 있어
나는 숨 죽이고 귀 기울였어
빗물이 후둑후둑 땅에 떨어지고 있어
비는 분명 뭔가를 숨기고 있어
그것을 알리려고 내리는데도
나는 빗물의 암호를 풀지 못해
발소리를 죽이고
살짝 걸어서 부엌을 들여다보니
엄마 뒷모습이 보였어
엄마도 뭔가를 숨기고 있어
하지만 모르는 척하고 무를 깎고 있어
이토록 비밀을 알고 싶어 하는데도
아무도 내게 아무것도 가르쳐주지 않아
내 마음에 구멍이 뚫려 있어서
들여다봐도 흐린 밤하늘밖에 보이지 않아

전차

나는 꽉 찬 전차에 타기 싫어
목덜미에 모르는 아저씨의 입내가 덮치면
냅다 들이박고 싶어
그렇지 않으면 정말 친구가 되고 싶어
이렇게 몸을 붙이고 있으니까
눈을 마주칠 용기라도 있으면
안녕 인사 정도는 할 텐데
아저씨는 딴 데만 바라보고
뭘 생각하는지 모르겠어
아저씨 얼굴은 누구랑도 비슷하지 않은데
모두 같은 코랑 입이 있고
그 코랑 입으로 숨 쉬고 있어
모르는 사람이 내뱉은 숨을 나는 마셔
전차 안에 사람들 숨이 서로 섞여
커피 입내 된장국 입내
백년이 지나면 모두 사라지지
나는 꽉 찬 전차에 타기 싫어
싫기 때문에 좋아

아(あ)

선생님이 칠판에
아 라고 썼다
아— 놀래보고 싶다

선생님이 칠판의
아 를 가리켰다
아— 큰 입으로 노래하네

선생님이 칠판의
아 를 지웠다
아— 지루해라

아 너무 좋아
아 또 만나요

다카시 군

나는 다카시 군이 좋다
다카시 군은 얼굴이 좋다
눈이 크고
뺨이 상냥하다

나는 꿈을 꾸었습니다.
다카시 군과 둘만이서
아프리카에 갔던 꿈
코끼리가 부앙부앙 울었습니다

나는 다카시 군이 좋다
그런데 어떡하면 좋을까 모르겠다
편지를 쓰고 싶어도
아직 글씨를 세 글자밖에 쓰지 못하니

심심해

심심해
숫자를 세어보아도 심심해
숫자에는 끝이 없다구

심심해
밥을 먹어도 심심해
금방 똥이 되어버린다구

심심해
잠자리를 잡아도 심심해
나는 잠자리에 탈 수 없다구

심심해
텔레비전을 본다 해도 심심해
스위치를 끄면 꺼진다구

만약에

만약에 머리가 엉덩이라면
팬티는 모자가 되겠지
만약에 땅이 하늘이라면
무지개는 터널 속에서 뜨겠지

만약에 6이 1이라면
6학년생은 1학년생이다
만약에 돈이 나뭇잎이라면
은행은 푸른 숲이다

만약에 대낮이 밤이라고 한다면
어른이라도 오줌을 쌀 거야
만약에 당신이 나라고 한다면
이 노래를 하는 이는 당신입니다

제4부

1990~

자기소개

때로 나는 터무니없는 바보가 되어
돌이킬 수 없는 실수를 범하고
태연하게 키안티* 따위를 마시고 있다
그런 나를 누구도 알아채지 못하지

때로 나는 보잘것없는 천사가 되어
모든 것을 자비의 눈으로 가만히 바라보고
흔들의자에 들어앉아 낮잠 자고 있다
그런 나를 나도 알아채지 못하지

때로 나는 어떤 것도 되지 않고
서서히 괴물처럼 시공(時空)에 스며나와
수세식 변소에서 흘러가버린다
그런 나를 페라리**도 치지 못하지

---

* 키안티Chianti는 이탈리아 토스카나 지방 특산의 포도주다.
** 페라리Ferrari는 이탈리아 산 고급 자동차.

똑바로

큐피드의 화살처럼
똑바로
레이저 빛처럼
똑바로

똑바로는 이루어진다
똑바로는 관통한다
똑바로는 튀어서 되돌아온다
똑바로는 끝나지 않는다

갓난아기 우는 소리처럼
똑바로
당구알처럼
똑바로

똑바로를 만들어내는 힘은
똑바르지 않다
고불고불 고부라져
서로 다투고 있다

5월의 노래

하나님이 용서해주시는 달
그 사람을 사랑해도 좋다고
푸른 하늘 눈동자 따뜻하게
나를 내려다보시는 달

바바루아*가 흔들리는 달
꽃나무 아래 앉아
심장의 알레그로에 귀를 기울이고
내가 새로운 나를 만나는 달

집집마다 숲이 있고
숲에는 바다가 있고
바다에는 사막이 있어
모든 역사가 겹쳐지는 달

— 할지도 모를 달

---

* 바바루아bavarois는 우유, 계란, 설탕, 생크림, 젤라틴 등에 과일즙 등을 넣고 냉각시켜 굳힌 생과자다.

정말로 그 사람을
사랑해버릴지도 모르는 달
영원한 MAY

8월의 노래

그때는 둘이었다
미움이었을까
사랑이었을까
그때는 둘이었다
언덕 위에 앉아
시골 초등학교에서 들려오는
아이들 목소리를 듣고 있었다

계획도 없고
후회도 없이
그때는 둘이었다
어떤 나무였을까
풀밭 위로 그림자 드리우고
당신은 밀짚모자를 벗고
머리를 풀고 바람에 맡겼다……
그때는 둘이었다

9월의 노래

당신께 말할 수 있다면
그건 슬픔이 아니지
바람에 흔들리는 맨드라미를
말없이 바라본다

당신 곁에서 울 수 있다면
그건 슬픔이 아니지
파도 소리 반복되는 저 파도 소리는
내 마음 늙어가는 소리

슬픔은 언제나
낯설다
당신 탓이 아니다
내 탓도 아니다

10월의 노래

아무 움직임도 없었는데
풀숲에서 바람이 일었다
작은 밤톨 하나가 고개를 가로저었다
마르는 것이 두려운 듯

먼 산 중턱 집 한 채에서
피어오르는 연기가 보인다
이 투명한 공기 속에서는
어떤 작은 거짓말도 할 수 없다

서로 사랑하면서도
두 사람은 누가 먼저인지 모르게
문득 손을 풀고……

침묵 속에서
모든 것은 이렇게 밝게 말할 수 있다
이렇게 확실하게

11월의 노래

당신을 사랑하기에
사랑한다고 말하지 않는 겁니다
용서해주세요
나의 서툰 침묵을
나는 당신을 에워싼 공기가 되고 싶어
당신의 살갗에 맺히는 이슬이 되고 싶어

시선을 준 것만으로
이미 작은 새는 날아가버린다
다만 작은 속삭임 하나로
이 밤은 밝아지지 않는가
다만 한 방울 눈물로
사랑은 응고되어버리지 않는가

나는 꼼짝할 수가 없어요
이 너무나 완벽한
당신과 이 밤에

영혼의 가장 맛있는 부분

신이 대지와 물과 태양을 주었다
대지와 물과 태양이 사과나무를 주었다
사과나무가 아주 빨간 사과 열매를 주었다
그 사과를 당신이 내게 주었다
부드러운 두 손바닥에 싸서
마치 태초의 세계처럼
아침 햇살과 함께

어떤 말 한마디 없어도
당신은 나에게 오늘을 주었다
잃어버릴 것 없는 시간을 주었다
사과를 길러낸 사람들의 미소와 노래를 주었다
어쩌면 슬픔도
우리들 위에 펼쳐진 푸른 하늘에 숨은
저 목표도 없는 것에 거슬러서

그래서 당신은 자신도 모르는 새
당신 영혼의 가장 맛있는 부분을
나에게 주었다

미생(未生)

당신이 아직 이 세상에 없었던 때
나도 아직 이 세상에 없었지만
우리들은 함께 맡았다
흐린 하늘을 번개가 뛰어갈 때 공기 냄새를
그리고 알았던 것이다
언젠가 갑자기 우리가 만날 날이 온다고
세상에 내세울 만한 것 없이 길모퉁이에서

탄생

그때도 바람이 나무와 나무를 건너왔다
고리대금업자는 침 묻혀 지폐를 세고 있었다
동물원에서 바다코끼리*가 포효하고 있었다
그때도 세계는 정체를 알 수 없는 것이었다
당신이 어둡고 비린내 나는 산도(産道)를
비비 꼬면서 빛 쪽으로 나아올 때

---

* 몸길이 3.5미터, 몸무게 3톤가량. 코가 코끼리 모양으로 20센티미터가량 늘어져 있다. 새우, 오징어, 물고기 등을 잡아먹으며 산다.

심장

그것은 작은 펌프에 지나지 않는 것이지만
미래를 향해 끊임없이 시시각각 시간이 지나기 시작했다
그것은 왈츠도 볼레로*도 아니지만
한 박자씩 내 기쁨에로 다가온다

---

* bolero: 4분의 3박자로 된 스페인 민속춤.

이름

누구도 이름 지을 수 없다
당신의 이름은 당신
이 세상 모든 것이 용솟음쳐 소용돌이치며
당신의 부드러운 몸에 가득 부어지는
어린 내 눈물도, 녹기 시작했던 은하(銀河)도

메아리

목소리는 길을 빙 돌아서
당신을 부르기 전에 목소리는 가라앉는 저녁 해를 부른다
숲을 부른다 바다를 부른다 사람의 이름을 부른다
그래도 지금 나는 알고 있다
돌아오는 메아리는 모두 당신 목소리였던 것이라고

강

만화를 사서 나는 당신과 웃으러 간다
수박을 사서 나는 당신과 먹으러 간다
시를 써서 나는 당신에게 보이러 간다
아무것도 안 갖고 나는 당신과 멍하니 간다
강을 건너 나는 당신을 만나러 간다

함께

함께 사는 것이 기쁘기 때문에
함께 늙는 것도 기쁘다
함께 늙는 것이 즐겁기 때문에
함께 죽는 것도 즐겁겠지
그 행운이 주어지지 않을지도 모른다는 불안에
밤마다 몹시 괴로워하면서도

여기

어딘가 가자고 내가 말한다
어디 갈까 하고 당신이 말한다
여기도 좋을까 하고 내가 말한다
여기라도 좋네 하고 당신이 말한다
얘기하는 동안 해가 지고
여기가 어딘가가 되어간다

죽음

나는 불이 되었다
불에 타면서 나는 당신을 본다
내 뼈는 하얗고 가볍다
당신의 혀 위에서 녹겠지
마약처럼

굶주림과 책

몇만 명이나 되는 인간이 무리 지어 있는데
책 한 권 없는 데가 있다
사람이 한 사람밖에 없고
몇만 권이나 되는 책이 있는 곳이 있다
다 읽으면 먹을 수 있는
책이 있어야 한다고 존은 말하지만
굶주려 있으면 읽기도 전에 먹어 치울 것이다
내가 있고 싶은 곳은 낭떠러지 위
그곳에 책 한 권만 가져가
소리 내어 읽는다
바다와 하늘에게 인간이 써온 책이라는 놈을
읽어준다

밤의 라디오

나는 납땜용 인두를 1949년제 필코 라디오를 만지작거린다
진공관은 뜨거워지고 끝끝내 완강히 침묵을 지키고 있으나
나는 아직 생생한 그 체취에 빠져 있다

어째서 귀는 자신의 능력 이상으로 듣고 싶어 하는가
그러나 지금은 너무 많은 것이 들려오는 것 같아
내게는 고장 난 라디오의 침묵이 반가운 곡소리 같다

라디오를 만지작거리는 것과 시를 쓰는 것 중 어느 쪽이 더 중요한지 모르겠다
아직 시와 연을 맺지 않았던 소년 시절로 돌아가
다시 한 번 먼지 많은 자갈길을 걷고 싶지만
나는 잊고 있다
마치 그럴 시간 따위 없다는 듯이 여인도 친구도

다만 더 많이 듣고 싶다 더 많은 것을 들을 수 있다고
나는 숨 죽이고 귀를 세웠다
소나기구름이 몰려오는 여름 하늘에

가족이 모이는 너저분한 거실의 웅성거림에

삶을 이야깃거리로 요약해버리는 것에 반기를 들며

요케이 산

몸속을 혈액처럼 계속 흐르는 말을 행(行)으로 나누려 하면
말(言葉)이 몸을 단단히 하는 것을 알 수 있다
내 마음과 닿는 것을 말은 싫어하는 것 같다

창문을 열면 60년 내내 익숙해진 산이 보인다
능선에 오후의 해가 닿아 있다.
鷹繫라는 이름을 가지고 있지만 그것을 다카쓰나기(タカツナギ)라고 부르거나
요케이잔(ヨウケイザン)이라 부른다 해도 산은 움쩍도 하지 않는다*

하지만 말 쪽은 불편한 것 같다
그것은 내가 그 산에 대해 아무것도 모르기 때문에
거기서 안개에 둘러싸인 적도 없고 거기서 뱀에게 물렸던 적도 없다
단지 바라보고 있을 뿐으로

밉다고 생각했던 적도 없는가 하면

---

* 이 시의 제목 '鷹繫山'은 군마(群馬) 현에 있는 높이 1431미터의 산이다. 이 산을 '요케이잔'이라 부르기도 하고, '다카쓰나기야마'로 부르기도 한다.

말을 좋아한다고 생각했던 적도 없다
너무 창피한 나머지 소름 돋는 말이 있고
너무 투명해서 말이라는 것을 잊게 하는 말이 있다
그리고 또 깊이 생각해낸 말이 대량학살genocide로 끝나버린 적도 있다

우리들의 허영이 말을 분칠한다
화장하지 않은 언어의 얼굴을 보고 싶다
그 고풍스러운 웃음archaic smile을

모차르트를 듣는 사람

모차르트를 듣는 사람은 몸을 아기처럼 둥글게 말고
그의 눈은 말려 올라간 벽지를 푸른 하늘인 양 떠돈다
마치 보이지 않는 연인이 귓가에 속삭이듯

선율은 하나의 질문을 던져 그를 괴롭히지만
그 질문에 그는 대답할 수 없다
왜냐하면 스스로 금방 답을 말해버리니까
언제나 그를 내버려둔 채

너무나도 무방비한 온 세상을 향하는 다정다감한 이야기
이 세상 어디에도 없을 그지없이 부드러운 애무
결코 이루지 못할 잔인한 예언
온갖 no를 거부하는 yes

모차르트를 듣는 사람은 일어난다
어머니와 같은 음악과 포옹을 풀고
대답할 수 있는 질문을 찾아 거리를 향해 계단을 내려간다

세계의 약속*

1.
눈물 속에 흔들리는 미소는
태초부터 시작된 세계의 약속

지금은 혼자라도 함께했던 어제부터
오늘은 태어나 빛나지
처음 만났던 날처럼

추억 속에 당신은 없어
산들바람이 되어 뺨을 스쳐오네

2.
나뭇잎 사이로 햇살, 오후의 이별 후에도

---

* 다니카와 슌타로는 애니메이션 주제가도 몇 곡 지었는데, 잘 알려진 애니메이션 「아톰」의 주제가 가사도 그가 지었다. 이 시는 미야자키 하야오 감독의 「하울의 움직이는 성」(2003)의 엔딩을 장식하는 주제가 「세계의 약속」의 가사다. 작곡은 기무라 유미(木村 弓)가 했는데, 이미 만들어진 곡을 시인이 받아 가사를 창작했다. 작곡가는 시인에게 "이별을 밝게 노래하는 곡을 만들고 싶다"고 전했다. 이후 그 곡을 듣고 마음에 든 미야자키 하야오 감독이 영화에 쓰기로 했다고 한다.

결코 끝나지 않은 세계의 약속

지금은 혼자라도 내일은 끝이 없어
당신이 가르쳐준
밤에 숨겨진 상냥함

추억 속에 당신은 없어
시냇물의 노래에 이 하늘의 색깔에
꽃향기에 언제까지나 살아

하얀 개가 있는 집
── 노인 홈 요리아이에서

하얀 개가 이 집을 지키고 있다
끊이지 않고 떨어지는 수돗물 소리가 이 집을 헹구고 있다
푸른 하늘에 떠 있는 구름이 이 집을 축복하고 있다
그런데 이 집에 살고 있는 사람을 말하는 것은
어떤 단어도 건방진 소리다

한마디도 말하지 않는 여든네 살이 있다
투덜투덜 계속 떠드는 여든여덟 살이 있다
노인들은 이제 인생을 묻지 않는다
다만, 거기 있는 것으로 인생에 답하고 있다
그 답이 되돌아온다
당신에게 우리들은 중요합니까 라고

연방 떠드는 여든여덟 살이
한마디도 말하지 않는 여든네 살의 가슴에 손을 내민다
허리가 직각으로 꺾여 있는 아흔세 살은
왠지 내 소년 시대의 시를 낭독하고 있다
그 목소리는 쌀쌀한 소녀 목소리 같다

한 명 한 명의 인생이

한 명 한 명 신기하다

하얀 개가 이 집을 지키고 있다

알지 못하는 신이 보낸 사자(使者)처럼

백세가 되어

백세가 된 육체에 잡혀 있는
영혼이 근질근질 좀이 쑤시다
슬슬 육체를 벗어나고 싶은 것이다
늙어버린 외투처럼

"어이 어이" 육체는 말한다
"나를 벗고 나면 너는 어떡할 거야?"
"훨훨 어딘가로 날아가겠습니다"
뭔지 기쁜 듯이 영혼은 답한다

육체는 부들부들 떨면서 화낸다
"살아남는 것은 너뿐인가?"
의아한 듯 영혼은 답한다
"그렇게 죽기 싫습니까?"

창밖은 올해도 벚꽃이 만발한다
그 위 하늘은 끝없이 푸르고 한없어
육체는 다리 허리의 통증도 잊고 절규한다

"살고 싶다 살고 싶다 언제까지라도!"

살고 싶다는 나는 누구인가
육체인가 영혼인가
태어나기 전의 존재를 생각하고 싶다
사람의 형체가 되기 전의 것

태어나기 전에도 내가 있다면
죽은 후에도 나는 있다
"죽으면 죽은 것으로 살아간다"
내가 좋아하는 구사노 신페이(草野心平)* 씨의 말입니다.

영혼은 대화하다가 지치고

---

* 구사노 신페이(草野心平, 1903~1988)는 후쿠시마현에서 태어나 게이오기주쿠대학(慶應義塾大學)을 중퇴하고 중국에서 유학할 때 시를 발표하기 시작했다. 1935년 나카하라 주야(中原中也) 등과 『역정(歷程)』을 창간한다. "개구리는 커다란 자연의 찬양자이다/개구리는 하수구의 프롤레타리아다/개구리는 명랑한 아나키스트/지면에 사는 천국이다"라는 서문이 실린 시집 『제백계급』(1928), 『개구리』(1938) 등을 발표하여 '개구리 시인'으로 불리기도 했던 그는 호탕하고 건강한 시를 발표했다. 미야자와 겐지(宮沢堅治)를 세상에 알린 시인이기도 하다.

육체는 자기 전에 홀짝 한잔하고 이불에 눕는다
꿈속에서 육체는 완전히 가볍게 되어
아가처럼 웃으면서 하늘로 오른다

숲에게

읽는 사람의 눈은
꿈틀거리는 문자의 숲을 헤집고 들어간다
읽는 사람의 귀는
페이지에 내리는 은밀한 빗소리를 듣는다
읽는 사람의 입은
반쯤 벌어진 채 할 말을 잃는다
읽는 사람의 손가락은
어느새 주인공의 팔을 잡고 있다
읽는 사람의 발은
돌아가려다 이야기의 미로에 길을 잃고
읽는 사람의 마음은
어느덧 보이지 않는 지평선을 넘는다

바람

잡목 숲
낙엽 위
외발 등나무 의자
당신은 그곳에 앉아 있었다
그날

다리를 꼬고
무릎 위에 책 한 권을 펼치고
약간 고개를 기울인 채
당신은 책을 읽고 있었다
부드러운 가을햇살 받으며

그리고……
문득 얼굴을 들어 나를 향한다
그러나 당신은
나를 보고 있지 않았다

오늘 색 바랜 사진 속에서

당신은 젊은 모습 그대로
나이 든 나를 응시한다
그리고 나는 읽는다
그날 당신이 보고 있던 세계를
나도 보고 싶다고 계속 바라면서

재의 기쁨

비탈길 아래 사거리에서
불에 탈 수 있는 쓰레기가 비에 젖는다

어제까지만 해도 책이었던 것이
지금은 비에 젖은 종이 뭉치

방금 전까지 문자였던 것이
지금은 의미 없는 그저 검은 얼룩

그러나 책은 기억한다
처음 펼쳐지던 순간의 두근거림

페이지라는 밭에 뿌려진 씨앗이
소녀의 마음속에 조용히 싹트기 시작한 순간

책은 자신이 언젠가 재가 되어
영혼의 열매를 맺는 양분이 되리라는 것을
담담한 체념과 기쁨 속에
예감하고 있던 것이다

사랑에 빠진 남자

연인이 얄궂게 웃는 얼굴의 뜻을 읽어낼 수 없어서
그는 연애론을 읽는다
펼쳐 든 페이지 위의 사랑은
향내도 감촉도 없지만
의미들로 넘쳐난다

그는 책을 덮고 한숨 짓는다
그러고 나서 유도 연습하러 나간다
"상대의 움직임을 읽어!"
코치의 질타가 날아든다

그날 밤 연인에게 키스를 거절당한 그는 생각한다
이 세상은 읽어야 하는 것 투성이야
사람의 마음 읽기에 비해
책 읽기 따위는 누워 떡먹기다

그러나 언어가 아닌 것을 읽어내기 때문에 비로소
사람은 언어를 읽어낼 수 있는 것이 아니던가

그는 다시 연애론을 펼쳐 든다
한숨 쉬면서
콘돔을 책갈피 대신 삼아

이야기의 미래

활자로 이어진 줄은
집집마다 뚫고 지나
단풍 든 고개를 넘어
왠지 모르게 퇴색한 해변에 이르고
나아가 대양을 건너
가본 적 없는 이국으로
소년을 이끈다

전병을 씹으며
그는 천년의 시간을 거슬러
왕녀를 아내로 맞아
장검을 휘두르며 싸워
자손들이 지켜보는 가운데 임종하고
이번에는 먼 미래의
다른 혹성 사람으로 태어난다

그러나 그 별에는
이미 책이란 존재하지 않는다

사람들이 발신하는 텔레파시 광선에 싸여
혹성은 장밋빛으로 빛나고 있다—
소년은 책을 덮고 생각한다
나는 새하얀 페이지가 될 수 있을까
읽어본 적 없는 이야기를 위해

책과 나무

책은 아름다운 포장지
세상을 포장해 당신에게 보낸다
더할 나위 없는 선물로서

페이지를 넘기는 일은
포장을 푸는 것
때로는 거칠게 뜯는 것

그러나 눈앞에 나타난 세상의 나신(裸身)을
당신은 끌어안을 수 있을까

한 권의 책을 위해
저렇게 많은 나무가 베어진 뒤에

음악 앞의……

이 고요는 몇백 명 심장의 설렘으로 가득 차 있다
이 고요로 무엇과도 바꿀 수 없는 그날 밤 추억이 살아난다

이 고요에 시간을 넘어선 나무들의 수다가 감춰져 있다
이 고요를 당신처럼 모차르트도 알고 있었다

이 고요 역시 시대의 수런거림 속에서 태어났으나
이 고요를 어떤 권력도 깨부술 수 없다

이 고요를 우리는 사랑하는 죽은 자들과 나눈다
이 고요를 앞으로 태어날 자들을 위해 바친다

커다랗고 아름다운 나무 상자 우주에서 잠시 후 우리는 천진무구한 아이
날아다니는 음표와 노닐며 선율의 급류를 헤엄치고 화음의 숲에서 쉬며

트레몰로를 치는 손가락에 간지럼을 느끼고 아다지오를 치는 손에 안겨
언젠가 미지의 영혼의 지평으로 이끌려 간다

음악은 인간이 음악을 사랑하는 것보다 훨씬 깊이 인간을 사랑해준다
서로 다투는 인간의 역사를 뒤로 하고 오늘 우리는 잔을 든다

이 고요로 음(音)이 태어나고 이 고요로 음은 돌아온다
이 고요를 통해 듣는다는 것이 시작된다 이는 결코 끝나지 않는다

있다

나는 알고 있다
뭔가 알고 있다
하지만 그보다 앞서 나는 있다
여기에 있다

잠자고 있어도 나는 있다
멍하니 있어도 나는 있다
아무것도 하지 않더라도 나는 있다 어디엔가

나무는 서 있기만 하고 아무것도 하지 않는다
고기는 헤엄치기만 하고 아무것도 하지 않는다
아이는 놀기만 하고 아무것도 하지 않는다
하지만 모두 살아 '있다'

누군가가 어디엔가 있다 하니 좋네
가령 멀리 떨어져 있다 해도
있는 거다 있어주는 거다
라고 생각하기만 해도 즐거워져

대지

대지 위에 잔디가 빛나고
대지 위에 꽃이 피어
대지 위에 나무가 무성하고
대지 위에 비가 온다

대지 위를 말이 달리고
대지 위를 새가 날고
대지 위를 뱀이 기어가고
대지 위를 바람이 분다

대지 위에 사람이 서고
대지 위에 씨앗을 뿌려
대지 위에 집을 짓고
대지 위에 잠깐 사이에

대지 위에서 서로 만나고
대지 위에서 서로 미워하고
대지 위에서 싸우다가
대지 위에서 죽어간다

상자

만약 내가 상자라면
누구라도 어떤 것도 넣지 못하게
텅 비면 좋겠다 언제라도

하지만 지구 위에 있기 때문에
텅 빔은 공기로 가득 차고
냄새도 소리도 숨어 산다

만약 내가 상자라면
뚜껑은 열어놓아줘
보이지 않는 것을 넣기 위해

함께 있던 사람을 만나면
상자를 마음으로 가득 채운다
'좋아함'이 상자에서 넘쳐 나오기까지

의자

할아버지가 앉아 있을 때
의자는 가장 안심했었다
어린 내가 앉으면
의자는 마음 불편한 듯했다

의자는 온갖 엉덩이를 암기하고 있다
둥그런 엉덩이도 뾰족한 엉덩이도
명랑한 엉덩이도 정상이 아닌 엉덩이도
하지만 누구도 앉아 있지 않을 때
의자에는 공기가 앉아 있고
의자는 다리 대신에
날개가 있다면 하고 생각했던 것이다

한 번이라도 좋으니 의자에 앉아 보고 싶었다
그렇게 말하면서 의자는 죽었다
테이블은 눈물을 흘렸지만
정말 슬펐는지 어땠는지 수수께끼다

끈

태어날 때부터 이 모양
끈에게는 머리도 꼬리도 없고
두 개의 끝단만 있을 뿐이다

색상을 맞춘 연애편지 다발을
묶고 있을 동안은 좋았지만
나누어진 연애편지가 태워져
이제 맬 것도 묶을 것도 없어지면
끈은 완전히 자신을 잊었다

서랍 속에서 끈은
뱀이 되는 것을 꿈꾸기 시작한다
벌써 머리와 꼬리가 있는 뱀으로

뱀이 된다면
나는 꿈틀꿈틀 언덕에 올라야지
그리고 먼 바다를 바라봐야지
꼬리가 이제 돌아가자는 말을 꺼낼 때까지

책

책은 사실
흰 종이인 채로 있고 싶었다
좀더 정말로 말하면
초록잎이 무성한 나무인 채로 있고 싶었다

하지만 이미 책으로 되어버렸기 때문에
옛일은 잊으려고 생각하여
책은 자기 몸에 인쇄된 활자를 읽어보았다
"사실은 흰 종이인 채로 있고 싶었다"
라고 검은 활자로 써 있다

나쁘지 않다고 책은 생각했다
내 기분을 모두가 읽어준다
책은 책으로 있는 것이
그저 조금 기뻐졌다

연필

태어났던 그날부터 연필은 썼다
잇달아 차례차례 글자를 썼다
때로는 서투른 그림도 그렸다
제 몸을 깎아 종이에 썼다
군소리 하나라도 불평하지 않고

연필은 어느 순간 완전히 땅꼬마가 되어
깨어나 보니 바다에서 파도에 흔들리고 있었다
달빛을 받으며
연필은 생각해냈다
지우개와 지낸 나날을

둘은 언제나 함께 일했다
그가 쓰면 그녀가 지웠다
그녀가 지우면 그가 썼다
정반대 입장이었지만
둘은 일심동체였다

마침내 연필은 바다로 사라졌다
썼던 글을 길동무로
어느새 지우개도 하늘로 사라졌다
지웠던 글을 껴안고
서로 그 마음 잊지 않고

노래해도 좋겠습니까

노래해도 좋겠습니까
방에서 홀로 당신이 신음하고 있을 때
노래해도 좋겠습니까
당신의 괴로운 꿈 속에서

노래해도 좋겠습니까
참호 속에서 당신이 조준을 맞추고 있을 때
노래해도 좋겠습니까
어린 날 추억의 움율을

노래해도 좋겠습니까
고향 잃은 당신이 길에서 웅크리고 앉았을 때
노래해도 좋겠습니까
발밑 야생화의 아름다움을

노래해도 좋겠습니까
이미 내일은 없다고 당신이 침묵으로 외치고 있을 때
노래해도 좋겠습니까

저물녘 오늘 빛의 반짝임을

노래해도 좋겠습니까
이 세상 모든 것에 당신이 등을 돌렸을 때
노래해도 좋겠습니까
사랑을, 당신과 그리고 나 자신을 위해

믿는다

웃을 때는 큰 입 벌리고
화날 때는 진짜로 화내는
스스로 거짓말 못하는 나
그런 나를 나는 믿는다
믿는 데 이유는 필요 없다

지뢰 밟아 다리를 잃은
아이 사진에 눈 떼지 않고
말없이 눈물 흘리는 당신
그런 당신을 나는 믿는다
믿는 데에서 다시 살아나는 생명

잎 끝의 이슬이 빛나는 아침에
뭔가 쳐다보는 아기사슴 눈망울
모든 것은 나날이 새롭다
그런 세계를 나는 믿는다
믿는 것은 삶의 기원

제5부

산문

한 편의 시가 완성되기까지
── 자기와의 분리

질문 1. 작품 착상은 주로 언제 얻습니까?
2. 어떤 장소, 어떤 시간에 작품을 씁니까?
3. 작품을 쓰고 나서 가장 최근 자극을 받았던 것이 있다면 말해 주시죠.
4. 작품을 쓸 때, 자기 자신을 어떤 마음 상태로 두려고 합니까?
5. 작품을 계속 쓸 수 없을 때, 어떻게 그것을 해결하려고 합니까?
6. 초고 과정에서는 언어 다음으로 무엇을 지향합니까?
7. 제목은 작품 안에서 어떤 관계를 가져야 한다고 생각합니까?

회답 1. 때, 정신상태와 함께 특별히 정할 수 없다.
2. 장소: 내 책상 위, 때: 오전 10시부터 오후 1시경까지.
3. 미묘한 자극이라서, 한마디로 말할 수 없다.
4. 내 마음 깊숙한 곳에 다가가려고 한다.
5. 얼마 동안 그만둘 때도 있고, 힘써서 끈질기게 계속 쓸 때도 있다.
6. 제대로 의미를 갖지 못한 질문이지만, 굳이 말하자면 통합 integration이라고나 할까.

7. 제목은 멋진 것으로 하고 싶지만, 결국 번거롭기 짝이 없어 적당히 붙여버린다.
8. 완성이라 하기보다는, 나와 분리되기를 바란다. 작품을 나와 다른 것으로 자립시키고 싶다. 말하자면 아이를 낳는다라는 것.

시인과 우주cosmos*

왜 나는 시를 짓는가?

'왜 당신은 시를 짓는가'라는 질문은, 즐겁게 시를 짓는 사람이 아니라, 스스로 인간으로서 직업으로서 시 쓰기를 선택한 진짜 시인에게 '왜 당신은 살고 있는가'라고 묻는 것과 다르지 않다고 나는 생각한다.[1]

먼저 첫번째 대답은 '그렇게 하고 싶기 때문이다'라는 답이고, 그리고 두번째 답은 '그렇게 하지 않으면 안 되기 때문이다'라고 하는 대답이다. 이 두 가지 대답은 때에 따라서 하나가 되어버릴 정도로 서로 밀접하게 관계하고 있다. 시인이 시를 지을 때, '쓰고 싶다' 그리고 '쓰지 않으면 안 된다'라는 두 가지 기분은 '짓다(つくる)'라는 행위에서 승화(昇華)되어 하나가 된다.

---

* 이 글은 19살 때 쓴 시 「네로」를 예로 들며 다니카와 슌타로가 쓴 시창작론이다. 22살 때 쓴 이 소박한 글은 그의 초기 시를 이해하는 데 매우 중요한 글로 『나는 이렇게 시를 짓는다(私はこうして詩をつくる)』(創元社, 1955)에 실려 있다. 70대의 다니카와 슌타로는 이 글을 2006년 시인이 펴낸 『시를 쓴다(詩を書く)』(思潮社, 2006)에도 실었다. 이 글의 주(註)는 원주이다.

1 '즐겁게 시를 짓는다'라는 것도, 물론 좋은 것이다. 그것은 다른 여러 취미hobby처럼, 틀림없이 즐거운 일이 될 것이다. 또한 스스로 시를 몇 편이라도 쓰면, 다른 이의 시를 읽을 힘도 얻을 것이다. 그런데 나는 이 글에서 오로지 내 자신에 들어맞는 의미로, 시인이라는 것을 설명하고 규정해보고 싶다. 이야기가 조금 재미있지 않더라도, 그것은 내 설명 방법이 서투르기 때문이지, 결코 시라고 하는 것이 즐겁지 않기 때문이 아니라는 점을 말해둔다.

'쓰고 싶다'는 기분은 시인의 정열이다. 그리고 '쓰지 않으면 안 된다'라는 기분은 넓은 의미로 말하자면 시인의 도덕moral이다. 전자는 시인의 우주적comic인 생명이 나타난 것이고, 후자는 사회적social 인간으로서의 시인을 나타낸 것이라고 생각해도 좋을 것이다. 한 편의 시는, 작가 의식이 있는가 없는가에 관계없이, '쓰고 싶다'에서 출발해서, '쓰지 않으면 안 된다'를 통해 완성으로 이끌어지는 것이라고 나는 생각한다.

1) 쓰고 싶다

'쓰고 싶다'에도 두 종류의 '쓰고 싶다'가 있다. 먼저, 내가 시를 생각하고 있을 때, 늘 시를 쓰려고 생각하고 있는 상태. 이것은 '쓰지 않으면 안 된다'라는 제2의 상태와도 비슷하다. 또 하나는 더 열렬히 '지금 쓰고 싶다,' 오히려 '지금 쓸 수 있다'라는 상태. 제1의 상태는 시인의 보통 지니고 있는 상태라고 할 수 있다. 그는 언제라도 시를 쓰려고 하는 마음자세를 갖고 있다. 그는 의식적으로도, 무의식적으로도, 시에 대하여 여러 가지 마음을 돌리고 있다. 그는 아직 정말로 구체적인 언어를 갖고 있지 않다. 그래서 제1의 상태는 제2의 상태를 준비하고 있는 상태라고 해도 좋을지 모르겠다. '쓰고 싶다'는 제1의 상태는 예를 들면, 빨갛게 잘 핀 숯불 같은 것이다. 그것은 언제나 시인 안에서 불씨만 남아 그을고 있다. 이 상태에서 시를 짓는 것도, 할 수 있다면 할 수 있다. 그러나 그것은 아직 정말로 타오르는 상태가 아니다.² 거리를 걷고 있을 때, 욕조에 들어가 있

---

2 현대 일본시의 대부분은 이 상태에서 지어지는 게 아닌가 하고 나는 생각한다. 이 상태에서 지어진 시가 반드시 재미없는 것은 아니다. 오히려 이 상태에 있는 때라도, 시인 속에는 많든 적든 제2의 상태가 들어 있다고 생각해도 좋을 것이다 시가 점점 기회시(機會詩, occasional poem: 17~18세기 독일문학에서 경조사가 있을 때 지어내는 즉흥적인 행사시. 그때 그때의 감동을 담아 쓴 즉흥시 혹은 시사시(時事詩)를 말하기도 한다— 옮긴이)적인 면이 없어지

을 때, 재즈를 듣고 있을 때, 친구와 얘기하고 있을 때, 그것은 때와 장소를 가리지 않고 갑자기 시인을 습격한다. 그것은 무언가 우리를 넘어서는 것의 숨처럼, 시인의 마음속에 불을 확 질러버린다. 이때, 시인은 언어를 잡는 것이다.

그런데 왜 그런 상태가 있는 것인가? 라고 묻는다 해도, 이미 답이 없다고 하는 편이 좋겠다. '쓰고 싶다'는 제1의 상황은, 그가 시를 정말로 직업으로서 선택했다면, 의식적으로든 의지적으로든 그러한 상태에 있는 것은 당연하기만 하다. 그러나, 정말이지, 인간의 숱한 직업 가운데, '어째서 시를 선택했는가?'라는 질문을 받으면, 결국 만족스러운 대답을 도대체 할 수가 없다. '좋아하기 때문이다'라고 하는 답만으로 만족할 수밖에 없다. 거기에 또 '어찌하여 시가 좋아졌냐'고 다시 한 번 집요하게 물으면, 설명할 방도가 없다. 특히 제2의 상황에 다다르면 시인 자신의 이해조차 넘어선 상황이기 때문에, '나는 시인이기 때문이다'라고 답한다 해도 의미가 없다. 왜냐하면 '시를 짓고 싶다'라고 하는 것은 시인의 첫 마음이고, 거기에서 한 인간이 시인이 되는 첫발을 내딛기 때문이다.

시를 '짓고 싶다'라고 하는 것은 나무가 자라고 있다는 것과 같은 것이 아니겠는가. 그것은 우리가 삶을 누린다는 것과 같을 정도로 자연스러운 것이다. 내가 시를 짓는다는 것에는 사회적social 의미가 있고 동시에 우주적cosmic 의미가 있다고 하겠다. 완성된 시는 그것이 인간의 말로 씌어진 이상, 인간적인 의미만 갖고 있다고 하지 않을 수 없다. 그러나 시인은

고, 극시나 서사시 등이 요구되어지고 있는 오늘에는, 상당한 재능을 갖고 있지 않는 한, 시인은 제1의 상태에서 시를 창작하며 스스로 훈련해야 할 것이다. 이것은 조금 쩨쩨한 의견일지 모르겠다. 그러나 시를 소수의 천재에게만 맡긴다 해도, 현대는 금방 지나치게 떠들썩한 것 같다.

시를 씀으로, 코스모스(宇宙)와 교류하는 자다. 말과 시가 발생하는 방식을 보아도, 그것은 알 수 있다.

원시 시대의 인간들은 모닥불 주위에 모여, 춤추거나, 부르짖거나, 흉내 내며, 그것을 주문으로 외우며, 사냥을 했다. 그들의 말은, 그 외에 부르짖는 소리나, 춤추는 몸짓이나 리듬이었을지 모르지만, 그들이 먹던 음식에, 즉 그들의 육체에 직접 연결되어 있었다. 그것은 또 인간끼리 하는 의지소통communication 때문이라기보다는, 자연과 맺어져 있기 때문인 것이었다. 다시 말해서, 그것은 또 인간적인 것보다도, 우주적cosmic인 것에 가까웠다. 그것은 또한 이름을 붙이는 것이 아니라, 차라리 호소하는 것이었다.

현대에 언어는 너무도 지나치게 기능적인 것에 지나지 않는 경향이 강한 것 같다. 그것은 부호화(符號化)되어 있다. 그러나 진정한 말은 그 사회적 의미 외에 좀더 생명적인 의미, 오히려 힘을 갖고 있는 것이라고 나는 생각한다. 가령, 우리가 '하늘'이라고 할 때, 우리는 그 하늘이라고 하는 단어를 그냥, 책상이나 나뭇잎이나 자동차와 구별하기 위해서만 사용하고 있는가? 당연히 그렇지 않다. '하늘'이라는 말 속에는, 그 '하늘'이라는 말을 넘어, 좀더 큰, 좀더 정체를 알 수 없는, 더욱 육감적이고, 어떤 실체의 느낌이 있다. 그리고 '하늘'이라고 하는 말에 의해, 그 언어 하나를 아는 것으로서, 우리는, 그 어떤 실체, 진정한 하늘 혹은 그것보다도 더욱 큰 것에 연결되지 않는가. 결코 하늘이라는 단어에만 한정되지 않는다. 예를 들면, '우편'이라는 단어에 의해, 우리는 자기 속에 우편에 관한 여러 구체적인 체험과 추상적인 지식의 기억을 풀어내고, 또한 그것에 의해 상상력도 일어나서, 빨간 우체통이나, 편지를 쓰고 있는 친구 모습 등을 떠올리는 것이다. 그리고 그렇게 하여 우리들은 생활에 결부시키는 것이다. 하늘이라는 말과 우편이라는 말에서, 전자는 어느 쪽인가 하면 우주적인 언어이고, 후자는 어느 쪽인가 하면 사회적인 언어라는 점이 다르지만, 그러나 어떤 언어라 해도, 그것이 세계 속의 사물을 불러내는 한, 우리는 언어에 의해, 삶과 엮일 수 있는 것이다.[3]

원시 시대 인간 중에서, 특정한 재능이라든지, 특정한 육체적 결함을 가진 이가 틀림없이 최초의 시인으로 탄생했다. 말의 사회성은, 말의 이름이 붙여지고 구별되는 기능에 의해 발달된 것이다. 그러나 시의 사회성은 언어 그 사회성에서 직접 이끌어진 것이 아니다. 그것은 먼저, 시인이라고 하는 인간과 관계된 것이다. 원시 시대의 시인은, 먼저 기능으로서 시(당시에는 시라기보다는 주술이었지만)를 갖고 있지 않으면 안 되었다. 이것은 오늘의 언어로 말하면, 그는 먼저 직업으로서 시인이었던 것이다. 그는 주술을 노래하여 코스모스cosmos와 교류했고, 타인에게 도움이 되도록, 즉 사회적으로 되지 않으면 안 되었던 것이다. 시의 사회성은 아마도 여기에서 시작된다. 즉, 그는 시를 짓는 것으로 코스모스와 엮이고, 그렇게 하여 인간과 엮였던 것이다.[4]

---

[3] 이렇게 말하는 방법은 약간 부정확할지 모르겠다. 우리 자신이 삶인데도 불구하고, 삶과 연결된다고 말하는 방법은 조금 이상할지 모르겠다. 우리는 언어에 의해, 우리를 둘러싸고 있는 사물과, 즉 세계와 연결되고, 그렇게 해서 살아갈 수 있다고 하는 편이 정확할 것이다. 물론 언어에 의한 연결이 반드시 유일한 연결이라고 할 수는 없다. 오히려 동시에 이것과 전혀 반대되는 경우도 말할 수 있다는 것을 잊으면 안 될 것이다. 시인이란, 언어를, 언어만을 통해서 살아가는 존재다. 그러나 그는 언어를 믿을 수 없는 것이다. 그는 언어 덕분에 세계와 엮이는 동시에, 언어 덕분에 세계와 거리를 둔다. 그것이 틀림없이 시인의 숙명이다. 시인이란 언어를 믿는 자가 아니라, 오히려 언어에 내기를 거는 자다.

[4] 시의 사회성과 정치성을 구별하지 않으면 안 된다. 정치 우위의 시대인 현대에는, 걸핏하면 정치적인 것만이 사회적인 것이라고 하는 시인이 많다. 그러나 그렇게 하여 오히려 시는 주로 정치에 지는 경향이 많다. 그리고 시가 문화의 여러 영역에서 해야 할 역할을 잃어버리고 만다. 시는 인간의 생명은 가장 근원적인 곳에서, 언뜻 비인간적으로 보일 정도의 깊이에서, 사람들의 것이 되지 않으면 안 된다.

2) 쓰지 않으면 안 된다

'쓰지 않으면 안 된다'에도 두 종류의 '쓰지 않으면 안 된다'가 있다. 첫째, 시인에게는 쓰지 않으면 안 되는 인간적 의무가 있다. 그리고 둘째, 시인 한 사람 한 사람에 따른 문제이지만, '나는 이런 시를 쓰지 않으면 안 된다'라고 하는 것. 이 둘째 '쓰지 않으면 안 된다'는 시인 한 사람 한 사람에 따라서, 여러 가지로 다를 것이다.

시를 쓰는 직업은 다른 여러 직업, 그러니까 목수라든지, 의사라든지, 경찰관이라든지 하는 것과 지나치게 구별해서 생각하면 안 된다고 나는 생각한다. 물론 나무를 대패질하는 것과 한 행의 시구를 생각하는 것 사이에는 큰 차이가 있다. 그러나 시를 짓는 것이 집을 짓는 것보다 대단한 일이라든지, 혹은 반대로 집을 짓는 편이 시를 짓는 것보다도 훨씬 인간에게 도움이 된다는 듯이 생각하는 것은 틀린 말이다. 현대에는 곧잘 시인이 특별한 인간으로 대우받는 경향이 많다. 시인은 도움이 안 되고 일정한 직업도 없는 무뢰한 이라거나, 구름이나 안개를 먹고 사는 신선이라거나, 천재적인 예언자라고도 한다. 그건 분명히 아주 조금은 사실임에 틀림없다. 그런데 사실은 시인도 목수나 의사처럼 먼저 하나의 직업이 되지 않으면 안 된다는 점을 잊으면 안 된다. 목수가 집을 지을 의무가 있고, 의사가 환자를 치료할 의무가 있듯이, 시인은 당연히 시를 지을 의무가 있다. 그것은 가장 초보적인 의미로 인간적인 책임이다. 오늘날 일본에서는 시인이란 직업을 갖고 살기 어렵다는 것은 말할 필요도 없다. 그러나 만약 사람이 스스로 인간으로서의 일로서 시를 짓겠다고 각오한다면, 그는 적극적으로 스스로 시인이라고 부르지 않으면 안 된다. 가령 지은 시가 서투른 것뿐이라도 관계없다. 그는 스스로 시인이라고 규정하고, 그 의무와 책임을 확실히 자극하지 않으면 안 될 것이다. 진짜 시인이 되는 것은 사실 쉬운 일이 아니다. 그러나 그렇기 때문에 스스로 인간적인 책임을 회피할 수는 없다.

일본에는 분명히 아마추어 시인이 지나치게 많다. 그들은 마치 중학생처럼 자기가 말하고 싶은 것만을 무책임한 언어로 마구 지껄인다. 거기에는 독자에 대한 배려도 없으며 상품으로서의 체제도 없다. 그리고 한편으로 그들은 다른 직업으로 간신히 살아가기에 시는 그저 고백이나 선전의 도구가 되어버린다.

시를 짓는다는 것은 개인적인 정열의 배수구가 당연히 아니다. 그것은 하나의 상품이라고 말해도 좋을 만큼, 시는 반드시 사회적인 것이다. 우리는 말하고 싶다고 제멋대로 말해서는 안 된다. 늘 자기 자신에 성실한 것과 사회를 위해 성실한 것 사이에서, 우리는 괴로워하지 않으면 안 되는 것이다. 시의 기술도 여기에 있는 것이 아니겠는가. 부업으로 의사 일을 할 수 없는 것처럼, 우리는 부업으로 시를 쓸 수 없다. 시인이 직업으로서 성립되지 않는 사회는 물론 바람직하지 않다.[5] 동시에 시인을 직업으로 생각하지 않는 시인도 바람직하지 않다고 나는 생각한다.

아득히 먼 옛날 시인은 시를 짓는 것에 사회적인 필연성을 지고 있었다. 오늘의 시인은 반대로 개인적인 필연성밖에 지고 있지 않은 것처럼 보인다. 시와 독자와의 사이가 떨어져 있다고들 한다. 그러나 그것은 시인의 에고티즘(자기중심벽, egotism)에 의한 까닭도 많지 않겠는가. 인간인 이상, 시인은 많든 적든 시를 짓는 것에 당연히 사회적 필연성을 지고 있는 것이다. 다만 시인은 그것을 잘 자각하고, 생각하지 않으면 안 된다. 시가

---

[5] 시인이 직업으로서 성립하지 않는 사회와, 시를 필요로 하지 않는 사회는 서로 같지 않다. 시가 필요하지 않는 사회가 미래에 나타날지 어떨지 모르겠지만, 적어도 현대 사회는 시를 필요로 한다고 나는 믿고 있다.

난해하다는 것도 오늘날 거의 전설적인 고정관념이 되고 말았다. 독자와 시인은 협력하여 그 묘한 벽을 부수지 않으면 안 된다. 그 일을 위해서 시인도 좀더 여러 가지를 배우지 않으면 안 된다고 나는 생각한다. 단어의 음율, 오래된 민요, 현대 유행가, 그러한 여러 가지 세세한 공부를 직업적인 지식으로 배우지 않으면 안된다. 그것이 양심적인 태도라고 나는 생각한다. 그래서 한편으로 시인은 스스로 시대와 그 문명에 대하여, 깊은 이해를 갖지 않으면 안 된다. 그리고 그는 인간에게 권해야 할 방향을 늘 보충하고 바르게 고치는 역할을 담당한다. 그는 항상 코스모스cosmos에 말을 걸어서, 인간 본래의 생명이란 것을 계속 지킨다. 아마도 시인이 단지 직업에 머물 수 없는 근거가 여기에 있다. 온갖 직업은 사회적인 것에 머문다. 그러나 소수의 경우, 종교, 과학, 예술에 속한 것, 그리고 특히 시는 우주적인 것에까지 연결되어 있다. 시인이 만약 모럴moral을 갖고 있다면, 그것은 사회적인 모럴에 멈추지 않고, 우주적인 모럴까지 포함하고 있지 않으면 안 된다. 그것은 사회 속에서 인간이 살아가는 태도일 뿐만 아니라, 우주 속에서 인간이 살아가는 태도와 관계하는 것이다.

제2의 '나는 이러한 시를 짓지 않으면 안 된다'라는 것은, 그 사람의 만들고 싶다고 하는 정열과 함께, 그 정열에 절도와 형식을 주는 인간적 관심 같은 것이 관계하고 있다. 우리의 시를 만들고 싶은 본능에 형식을 주고, 그것을 사회 속에서 의미 있게 하는 것이야말로, 우리의 인간으로서의 책임이고, 그것이 예술art인 것이다. 그리고 그것 자체가 도덕적인 것이 아니면 안 된다고 나는 생각한다. 여러 시가 있어서 좋다. 그러나 그것들은 가령 비인간적인 감동을 그 핵으로 하고 있는 것이라 할지라도 결코 혼자서만 만족하는, 개인적인 것이 되서는 안 된다.[6]

나는 어떤 시를 짓는가

시인이 살아 있는 한, 시인은 생명체다. 어떤 시를 쓴다라는 것을 미리 의도적으로 작정해서는 안 된다. 또한 장래 어떤 시를 쓸 것인지 작가라고 할지라도 예견할 수 없다. 한 편의 시는, 그 시를 지은 시인이 살아가는 태도에 깊이 관계하고 있는 것이다. 시인은 그저 그가 정말로 시라고 생각하고 있는 것을 늘 지향하고 있을 수 있을 뿐이지 않은가. 한 행의 시구가 그의 마음에 떠오르기까지는, 시란 그에게 대단히 종잡을 수 없이 불안한 것이다. 구체적으로 말을 겨우 하나 잡음으로써, 처음으로 그는 시인으로서 살아가기 시작하는 것이다. 당신은 어떤 시를 짓는가, 라고 물으면, 시인은 작품으로밖에 대답할 수 없다.

    네로
    이제 곧 또 여름이 온다
    너의 혀
    너의 눈
    너의 낮잠 자는 모습이
    지금 또렷이 내 앞에 되살아난다

    너는 단지 두 번의 여름을 알았을 뿐이었다
    나는 벌써 열여덟번째의 여름을 알고 있다
    그리고 지금 나는 내 것과 또 내 것이 아닌 여러 여름을 떠올리고

---

6 로맨티시즘Romanticism이 갖고 있는 나쁜 면을, 우리들은 좀더 서슴없이 버리고 가지 않으면 안 되지 않는가.

있다
　메종 라피트의 여름
　요도의 여름
　윌리엄즈 파크 다리의 여름
　오랑의 여름
　그리고 나는 생각한다
　인간은 도대체 이미 몇 번 정도의 여름을 알고 있을까 하고

네로
이제 곧 또 여름이 온다
그러나 그것은 네가 있던 여름은 아니다
또 다른 여름
전혀 다른 여름인 것이다

새로운 여름이 온다
그리고 새로운 여러 가지를 나는 알아차린다
아름다운 것 미운 것 나를 힘차게 만들 것 같은 것
나를 슬프게 만들 것 같은 것
그리고 나는 묻는다
대체 무엇일까
대체 왜일까
도대체 어떻게 해야 할 것인가를

네로

너는 죽었다
아무도 모르게 혼자 멀리 가서
너의 목소리
너의 감촉
너의 기분까지가
지금 또렷이 내 앞에 되살아난다

하지만 네로
이제 곧 여름이 온다
새롭고 무한하게 넓은 여름이 온다
그리고
나 역시 걸어가리라
새로운 여름을 맞고 가을을 맞고 겨울을 맞아
봄을 맞아 더욱 새로운 여름을 기대하여
온갖 새로운 것을 알기 위해
그리고
온갖 나의 물음에 스스로 답하기 위해
　　　　　——「네로—사랑받았던 작은 개에게」(1952) 전문

나는 이렇게 시를 짓는다

　어떤 시를 짓는가, 라는 물음에 대한 답도, 추상적으로 설명하면 허망한 공식 같은 것만 나올 뿐이고, 구체적으로 설명하자면 한 편 한 편의 시로서 여러 가지 다른 것이 되어버릴 것이다. 여기서 하나의 예로 시「네로」에 대해 되도록 구체적으로 설명해보려 한다.

네로는 내 이웃집에서 키우던 개였다. 귀여운 개로, 울타리 너머 우리집에도 자주 놀러왔고, 우리집에서도 마치 가족처럼 사랑받았건만, 이 시를 짓기 1년 전 겨울에 병에 걸려, 죽을 걸 알고 나서 스스로 죽을 곳을 찾아가서 그 유해를 사람들에게 드러내지 않았다. 네로가 죽고 나서 거의 반 년 정도 흘렀을 6월 어느 날, 나는 책상에 기대어 정원석에 내리쬐는 6월의 햇살을 보고 있었다. 그 햇살은 그해 여름의 첫 햇살이었다. 새로운 계절이 온다고 하는 강한 감동은, 동시에 내 속에서 살아 큰 흐름에 대한 감각을 깨워냈다. 시간의 흐름, 그리고 삶과 죽음. 그리고 그때, 나 스스로도 모르는 사이에 나는 내가 사랑했던 것의 죽음에 향하여 말을 걸고 있었다. 나는 어떤 큰 리듬 속에 있었다. 그리고 그 리듬은 끝없는 것이고, 어떤 완결된 느낌을 동반하고 있었다. 내 속에서 그 시, 삶이 죽음에게 말을 거는 것으로, 오히려 그 빛이 늘어나, 흡사 죽음에 가로막히지 않은 것처럼 완전하게 느껴졌다. 그리고 그 느낌이 너무나도 완전한 것이었기에, 내가 첫 행을 쓰기 시작하기 전에 내가 쓸 것이 전부 보였다. 내가 그저 계절의 첫 햇살에서 받았던 감동을, 더욱 동물적으로, 더욱 순진하게, 더욱 당연한 형식으로, 즉 살고 싶다는 욕망과 살려고 하는 결의로서 적어뒀을 따름이다. 살려고 하는 결의를 왜 죽은 자를 부르는 형식으로 썼는가, 그건 나도 모르겠다. 결과적으로 그 형식은 효과적이었던 것은 분명하나, 그때는 결코 효과가 있을지 계산하거나 하지 않았다. 아마 이런 곳에 시 창작에서 결코 누구도 풀 수 없는 비밀이 있을 것이다. 이것은 오히려 예술의 문제라고 하기보다는, 삶 자체에 숨겨져 있는 비밀스러운 장치에 의한 것 때문이지 않을까 싶다.

나는 여름이란 겨울을 좋아하기 때문에, 내 체험 속에서 여름은 중요한 위치를 점하고 있다. '메종 라피트의 여름'은 로제 마르탱 뒤 가르의 『티보 가의 사람들』에서 나오는 여름이다. '요도(淀)의 여름'은 내 어머니의 고향인 교토부(京都府) 요도초(淀町)의 여름으로, 나는 패전을 거기서 경험했다. 관서 지방 특유의 하얗게 반사하며 작열하는 모래땅, 중학교 체조 시간 때 소년들의 벗은 몸이 아직도 기억에 남아 있다. 요도의 여름만이 '나의 여름'이고, 그 뒤 '윌리엄즈 파크 다리의 여름'은 미국 영화 「벌거벗은 도시」에 나오는 뉴욕의 여름이다. '오랑의 여름'은 카뮈의 『페스트』에 나오는 아프리카 거리의 여름이다. 영화를 보거나, 책을 읽거나, 실제 살아보며 경험했던 이러한 여름에 나는 이런저런 감동을 해왔는데, 여기서 그러한 감동이 하나의 커다란 여름이라는 계절, 즉 삶의 흐름 속에 새롭게 선택되어, 그것이 올해 곧 다가오는 여름과 비교되고 있다. 그렇게 하여 나는 삶의 다양한 새로움, 즉 미래라고 하는 것이 퍼져가는 과정을 확인하고 있다. 나는 인간에게 가장 근원적이라고 생각하는 세 가지 질문을 묻고 있지만, 그 질문에 반드시 답이 있다고 미리 예상하지는 않는다. 오히려 미래로 향한 약간 성급한 작가의 의지와 자세로 이 문제를 봐주셔도 좋을 거 같다. 지금 보니까 이 시의 전체적인 리듬도 그렇게 젊은 성급함 같은 것을 담고 있는 듯싶다. 그러나 결국 그것이 이 시에서 내가 자부할 수 있는 유일한 점일지 모르겠다. 이 시를 정말로 지탱하는 것은, 시적인 기술이나 사상이 아니다. 이 시는 6월 어느 날, 어릴지도 모르지만, 정말 강했던 감동에 의해 지탱되고 있는 나라고 할 수 있겠다.

이 시에서는, 그 감동이 너무도 갑작스러워 뜨겁고 명확한 것이었기에, 기술적인 배려는 의식적으로는 거의 하지 못했다. 두세 번 하찮은 곳을 퇴고했던 것으로 기억하고 있다. 이것은 약간 특수한 경우에 속한다. 감동이란 좀더 복잡한 형태를 취할 때가 있다. 만약 네로라고 하는 개가 없었다면, 이 시의 감동은 이렇게 순박한 언어로 만들어질 수 없었을 것이다. 이 시는 오히려 시가 어떻게 태어나는가 하는 방식의 예를 생각해주시는 편이 좋을지도 모르겠다.

'이렇게 시를 짓는다'라고 하는 문제는 오히려 이 뒤로, 점점 어려워진다. 단지 여기서 나는, 이 '네로'의 예를 들어서, 감동이라는 것에 조금이라도 닿고 싶었다. 그것이 어떤 경우에라도, '이렇게 시를 짓는다'라는 것의 가장 근본적인 것을 다시 한 번 확인해두고 싶었다.[7]

*

내가 추상적인 것만을 지나치게 지껄였는지 모르겠다. 내가 쓴 다른 시, 특히 최근에 쓴 시에 대해서도 가령 단어의 음율 문제, 시에서 '나'라고 하는 문제 등 생각해보고 싶은 것이 많이 있지만, 여기서는 내 시 창작과 관련하여, 약간 이념적인 시인상(詩人像)의 한두 면을 그려내버린 듯싶다. 이 시인상은 내 자신을 말하든 일반적인 시인을 말하든, 조금 이념적이라고 생각할지 모르겠다. 그러나 나는 가장 근본적인 측면에서, 사회주의적인 시인도, 신비주의적인 시인도 한 가지 공통점을 갖고 있다고 믿는다. 다른 기회에 내가 생각하는 시인상을 보충해서, 시인의 원형(原型)이라 할 만한 것을 좀더 깊이 살펴보고 싶다.

---

[7] 시를 짓는 실제 경험을 말하는 것은, 먼저 작가가 감동한 경험을 말하는 것부터 시작하는 것보다 더한 것은 없다고 나는 생각한다. 그 경험이 정확한 언어가 되고, 그 위에 독자에게 통할 수 있는 언어로 시를 쓰지 않으면 안된다. 애쓴 마음의 절반은 시인의 의식적인 노력에 의해 이룰 수 있지만, 나머지 절반은 시인을 넘어서는 것에 좌우된다. 시인은 그 후자에 대해 말할 수 없다. 그렇다 하더라도 시인이 일상적으로 하는 노력도, 시인을 넘어서는 힘을 기른다는 것을 잊어서는 안 된다. 그처럼 여러 가지로 애쓴 마음을, 경험 있는 시인에게서 예술에 대한 비결을 듣는 이야기 형식으로 들을 수 있다면, 매우 재미있지 않을까 생각한다.

시인

저는 시인입니다. 시인이라는 존재는, 그 옛날 꽤 로맨틱한 존재로 생각되었던 것 같아요. 서양 소설이나 연극에 나오는 시인은 재치 넘치고, 대단한 독설가이며, 그러면서 멋지고, 박학한—말하자면 살롱의 스타 같은 경우가 많았죠. 아주 옛날 일본 시인들도 먹기 위한 일 따위는 아무 것도 하지 않고, 가난을 신경 쓰지 않고, 오만하게 푸른 하늘을 바라보며 바람처럼 자유롭게 살아간 것 같아요.

지금은 아무리 해도 그렇게 좋은 처지는 아닌 거 같습니다. 대체로 시인은 견실한 직업을 갖고 있죠. 혹은 시를 쓰는 것이 본업이고, 먹고 살기 위한 일은 부업일지 모르지만, 아무튼 은행원, 기술자, 교사, 농민 그 밖의 온갖 분야에서, 그들은 우선 한 사람의 직업인입니다. 사실 겉으로만 보면, 시인도 다른 일반 샐러리맨 등과 전혀 구별할 수 없습니다.

이전에 아웃사이더였던 시인은 지금은 적어도 형식적으로는 인사이더입니다. 물론 그들의 마음은 인사이더의 마음과 다르지요. 직업에서 느끼고 있는 소외감을 그들은 시 속에서 자기비판하고, 어떤 방식으로든 자신을 전체적으로 회복하려고 애쓰는 것 같습니다.

하지만 그들은, 어느 쪽이냐고 한다면, 시인이라기보다는 먼저, 은행원이고, 신문기자이며, 농민이니—이 이중구조를 참지 않으면 안 되는 것이, 오늘날 시인에게 지워진 운명이지요.

원래 시인은 다른 직업인과는 달리 사회에 직접 도움이 될 것 같은 일은 할 수 없는 인간입니다. 그것만으로도 지금 이 시대에 시인이 무엇을 해야 할 것인가라는 문제에 답하는 것이 정말 어렵지요.

1년 전쯤에 내게 정말 열정을 가진 시인 지망생 한 명이 찾아온 적이 있습니다. 아직 고등학생이었지만 아무튼 시인이 되고 싶다며 시인이 되는 길 외에 자기에게 다른 길이 없다고 생각하는 인물이었습니다. 그래서 어떻게 하면 시인이 될 수 있을까, 그것을 가르쳐달라고 제게 온 것이지요.

저는 정말 난처해졌습니다. 어떡하면 시인이 될 수 있는가—— 저는 아무래도 그 문제에 답할 수 없었던 것입니다. 왜냐하면, 객관적인 시인의 이미지라는 것을 저는 갖고 있지 않았기 때문입니다.

저는 스스로 저 자신을 시인이라고 부르고, 경찰에게 불심 검문을 받을 때에도 의심스러운 눈초리를 받으리라 각오하며 직업이 시인이라고 답하고 있지만, "나는 시인입니다"라고 말하는 것은, "나는 총리대신입니다"라고 말하는 것과 다소 다릅니다.

총리는 일단 그 지위에 오르면, 총리 직을 사직하지 않는 한, 언제나 총리입니다. 하지만 시인은 언제나 시인이 되지 못할 위험을 계속 무릅쓰면서 가까스로 시인이 되어가고 있다고 할 수 있는 존재인 것입니다.

업적을 이루고 명성을 좇아, 문학전집이라는 무덤 속에 누워 있는 시인은 어떤지 모르지만, 지금 살아 일하고 있는 시인은 모두 시인과 시인 아닌 보통 인간 사이에서 갈팡질팡하고 있지 않은가 생각해봅니다.

좋은 시를 썼으니까 시인이 되었다——그런 변하지 않는 정의가 아닙니다. 저 역시, 지금 이 순간 어떻게 하면 시인이 될 수 있는가 고심하고 있는 겁니다.

시인이라는 존재는 어떤 의미에서 그런 사람이 있는지 없는지조차 모르는 존재입니다. 그 존재감을 강하게 하고 싶어서, 비트닉* 같은 모양을 하고, 그에 어울리는 생활을 하는 사람들도 있는 것 같습니다만, 그것도 결국은 일종의 수동적인 저항에 지나지 않지요.

시인이 별로 필요하지 않은 것처럼 보이는 이 시대야말로, 사실은 시인이 더욱더 필요한 것이 아닌가, 다른 많은 시인들과는 달리 견실한 직업도 없는 저는 바로 지금 시를 억지로 파는 데에 결사적입니다. 그렇게 하지 않으면 시의 가치에 신경 쓰지 못할 정도로 현대인은 태만하고 불감증에 걸려 있기 때문입니다.

완성된 작품보다도 시인 자체가 그 다이내믹한 생활방식을 통해, 사람들 사이에 시를 삼투(滲透)시켜가는 것을 저는 중요하게 생각합니다. 그 일을 위해서라면, 저는 뭐라도 하고 싶어요. 활자로 된 시뿐만 아니라, 필름과 레코드에 담긴 소리로 된 시, 텔레비전 브라운관의 영상의 시, 무대 위의 드라마의 시—제 목표는 사람들 속에 살아 있는 현대의 음유시인이 되는 겁니다.

---

* Beatnik : 록을 사랑하는 사람들.

옮긴이 해설

하늘의 시인, 다니카와 슌타로

유머로 받아들이는 치매

2004년 봄 NHK(일본방송협회)에서 한 시인의 생활을 보여주는 프로그램 「단지, 여기에 있는 것으로(ただそこにいることで―詩人・谷川俊太郎 老いを見つめて)」이 방영되었다. 그는 양로원이라 할 수 있는 '노인 홈(老人 Home)'에서 치매 걸린 노인들과 함께 생활하고 있는 시인이었다. 시인은 파를 다듬고, 마른 반찬을 준비하며, 노인들을 위한 저녁 식사를 만든다. 치매 노인들이 먹고 싶어하는 요리를 주문에 맞춰 내놓는다. 정신 장애가 있는 90살에 가까운 노인들과 함께 농담도 주고받고, 맥주도 한잔 드는 시인. 식사가 끝나자 배를 깎아 노인들 앞에 놓는 흰 머리의 시인. 늘 오던 길도 잊어버리고, 가족들 이름도 잊은 치매 걸린 노인들과 함께 생활하며 시를 쓰는 그는 시인 다니카와 슌타로(谷川俊太郎)이다.

그 역시 7년간 치매에 걸려 고생하다가 다른 세상으로 여행을 떠난 어머니의 모습을 한 권의 책으로 냈다.

"인격적인 어머니가 전혀 다른 사람이 되었다는 것이 충격이었지요. 그러나, 치매 역시 삶의 과정임을 깨닫게 되었지요. 치매에 걸린 노인들을 이상하게 대해서는 안 되죠. 치매에 걸린 상태를 자연스럽게 받아들이는 거지요."

'자연스럽게'라는 말은 그가 삶을 바라보는 태도를 표상한다. 그는 삶을 자연스럽게, 특히 '유머humor'로 받아들인다. 치매에 걸린 할머니가 집에 돌아가고 싶다고 할 때, 자연스럽게 차에 태워 "돌아갑시다"라고 하며, 차에 태워 동네를 한 바퀴 돌고 놀다 오는 식이다. 아이처럼 변해가는 치매 걸린 할머니를 주인공으로 한 시 「할머니」를 읽어보자. 아이의 눈으로 그 모습을 논하고 있다.

> 우리 할머니는 아가 같아요.
> 언제나 이불에 누워 있어요.
> 기저귀도 차고 있어요.
> 밥도 혼자서는 못 먹어요.
>
> 근데 아가랑 달리
> 배가 고파도 울지 않아요
> "밥은 아직 안 됐냐"라고 큰소리를 질러요.
> "방금 드셨잖아요"라고 어머니가 화를 내요.
>
> 엄마가 할머니에게 화 내시면
> 아빠가 엄마에게 화를 내세요.
> 할머니는 아빠의 어머니예요.
> "옛날에는 미인이었다"

어릴 때, 아빠는 할머니가 늦게 돌아오면,
훌쩍훌쩍 울었다고 해요.

때때로 할머니는 아빠한테
"당신 누구야"라고 하곤 해요
때때로 할머니는 엄마에게
"도둑이야!"라고 해요.

엄마는 혼자 울 때가 있어요.
내가 "할머니인가 뭔가 죽었으면 좋겠어"라고 하면
엄마는 가만히 말없이 계세요.
의사 선생님은 할머니의 병에 어떤 약도 듣지 않는다고 해요.

나는 혹시 할머니가 우주인이 되지 않았나 생각해요.
우주인과 함께 사는 것은 힘들어요.
우주인은 인간과 꼭 같아도, 인간과 다르니까
그래도 우주인도 살아 있는 거예요.
선생님께서 살아 있는 것을 죽이는 것은 나쁘다고 했어요.

할머니도 엄마도 나이가 들면 우주인이 되어요.
저도 지금은 우주인이 되었어요.

인간이란 어떤 존재일까? 그림 동시집을 같이 냈던 그는 어린아이의 눈으로 세상을 보고자 한다. 그 눈은 맑고 투명하며, 어른보다 더 근본적인 성찰에 이르기도 한다. 할머니가 우주인이건 아니건 상관없이 인간을 삶 자체를 유머로 보는 그의 시선 덕분에, 삶은 즐거워진다(이 글에서 인용하는 다니카와 슌타로의 시는 모두 필자가 번역했다).

삶을 너무 빨리 알아버린 소년

일본의 젊은 시인들은 한국 시인들을 부러워하곤 한다. 일본 시인들은 한국 시인들이 시만 쓰고 먹고 살 수 있는 줄 아는 사람도 있다. 그러다가 한국에서도 시만 써서 먹고 살기 힘들다고 하면, 일본에 직업적으로 시 쓰고 먹고 사는 시인이 딱 한 명 있다고들 한다. 바로 다니카와 슌타로다. 1950년 19세의 나이에 「네로」 외 다섯 편을 『문학계』에 발표하여 등단한 그는 1952년 첫 시집 『이십억 광년의 고독』을 냈다. 첫 시집이 베스트셀러가 된 이래 거의 모든 출판물이 베스트셀러가 되었다. 그는 10만 권 이상 팔린 시집을 몇 권이나 갖고 있는 시인이다. 그전의 시들은 태평양 전쟁과 패전 때문에 감상적인 시들이 대부분이었는데, 다니카와는 눈물을 일시에 제거하고 '깔끔한 청순함'으로 독자들을 끌어당겼다. 다니카와 슌타로의 시에서는 어두웠던 음울한 분위기를 찾아볼 수 없다. 첫 시집에 실린 첫 시를 보자.

3세
나에게 과거는 없었다

5세
나의 과거는 어제까지

7세
나의 과거는 좀마게 끝까지

11세
나의 과거는 공룡까지

14세
나의 과거는 교과서대로

16세
나의 과거는 무한을 주뼛주뼛 쳐다보며

18세
내 시간의 무언가를 모르는 ——「생장」 전문(p. 15)

    나이가 들면서 무언가 알 것도 같은데, 오히려 존재를 뛰어넘는 우주와 운명 앞에 "무언가"를 모르는 존재임을 알게 된다. 그는 그저 현실을 담담하고 깔끔하게, 혹은 기하학적으로 담아낸다. 이십억 광년의 세월 속에 한 점도 되지 않을 인간의 운명을 생각하며 "내 시간의 무언가를 모르는" 공허를 고백한다. 자기가 모른다는 것을 아는 것은 하나의 깨달음이다. 너무도 평범한 삶에 대한 깨달음에서 그는 신선한 감각을 빚어낸다.
    그가 문단에 등장했던 1952년은 피 냄새만 풍기는 살벌한 시기였다. 태평양 전쟁이 끝나자마자 1950년 옆 나라에서 전쟁이 터져 동족끼리 피비

린내가 났을 때였다. 1952년 5월 1일의 황궁 앞으로 진입하는 데모대에 경찰이 발포했던 소위 '피의 메이데이 사건'이 있었던 시대였다. 이때 다니카와 슌타로는 정치세계와는 달리 너무도 신선하고 태연한 하늘나라 시인으로 등장했던 것이다.

  꽃을 넘어서
  하얀 구름이
  구름 넘어서
  깊은 하늘이

  꽃을 넘어
  구름을 넘어
  하늘을 넘어
  나는 언제까지나 올라갈 수 있다

  봄의 한때
  나는 하느님과
  조용히 이야기를 했다   ——「봄(はる)」 전문(p. 47)

여기에는 그저 놀이가 있을 뿐이다. "나는 언제까지나 올라갈 수 있다"는 말에 초연한 자세가 보인다. 삶에 대한 재미, 경쾌하면서도 감각적인 언어, 가볍고도 친근한 리듬이 있다. 노는 것 같으면서도 죽음을 넘어서고 있고, 심각한 것 같으면서도 "하나님과 조용히 이야기"하는 따사한 풍경도 있다. 이렇게 그의 시는 아주 쉬우면서도, 약간의 변조(變調)를 통해

깊은 생각을 갖게 만든다. 위의 시와 같이 한글로 번역하면 「봄」인데, 위의 시는 히라가나로 「はる」라는 제목을 달았고, 아래의 시는 한문으로 「春」라는 제목을 달았다. 어떤 차이가 있는지 한번 살펴보자.

  예쁘장한 교외 전차 연변에는
  오순도순 하얀 집들이 있었다
  산책을 권하는 오솔길이 있었다

  내리지도 않고 타지도 않는
  논밭 한가운데 역
  예쁘장한 교외 전차 연변에는
  그러나
  양로원의 굴뚝도 보였다

  구름 많은 3월의 하늘 아래
  전차는 속력을 늦춘다
  한순간의 운명론(運命論)을
  나는 매화 향기로 바꾸어놓는다

  예쁘장한 교외 전차 연변에는
  봄 이외에는 출입금지다 ——「봄(春)」전문(p. 25)

 가볍게 읽을 수 있는 소품이다. 2연까지는 소녀가 쓴 듯싶은 단순한 풍경 묘사다. 그런데 3연 끝에 "한순간의 운명론을/나는 매화 향기로 바꾸어놓는다"라는 말로 시인은 운명론을 갑자기 개입시킨다. 매화 향기가 그의 운명론을 바꾸어놓은 것이 아니라, 시인 자신이 적극적으로 자신의 운명을 매화 향기와 바꾼다. 여기에는 약간의 고통이 감지된다. 바로 앞 2연 끝의 "양로원의 굴뚝"이라는 단어에서 우리는 죽음의 어떤 향기를 떠올린다. 가령, 화장터의 굴뚝을 상상할 수도 있겠다. 그런데 곧이어 시인은 3월 하늘 아래 인간의 일생처럼 전속력으로 가는 전차를 보면서, 죽음의 냄새를 "매화 향기"로 환치시키는 것이다. 여기서 단순한 풍경 묘사는, 인간 운명에 대한 묵상으로 바뀐다.

전쟁이 패전으로 끝나고 비관적인 운명론이 팽배했던 시기에 그는 부정적인 운명론을 "매화 향기로 바꾸어 놓는다." 그리고 "봄 이외에는 출입금지다"라고 선언한다. 이 말은 현실을 초월한 상상력을 가진 자, 즉 봄〔春〕의 상상력을 가진 자만이 시의 길에 들어설 수 있다는 자기 인식이 아닐까. 이후 그는 글만 써서 먹고 사는 철저한 직업적 시인이 된다.

철학자인 아버지 다니카와 데쓰조(谷川徹三) 교수의 영향 때문이었을까, 그는 대학에도 입학하지 않고 너무도 빨리 세상의 벌건 오장육부를 눈치챈다. 21세의 나이에 세상의 밑바닥을 일찍 봐버린 시인은,

저 파란 하늘의 파도 소리가 들려오는 언저리에
무언가 엉뚱하게도 분실물을
나는 놓고 와버린 것 같다

투명한 과거의 역에서
분실물 담당자 앞에 섰더니
난 쓸데없이 슬퍼지고 말았다──「슬픔」 전문(p. 30)

라고 말한다. 1연 1행에서 "하늘의 파도 소리가 들려오는 언저리에"라는 표현에서 "언저리"는 독자가 맘대로 상상해도 좋을 것이다. 중요한 것은 "하늘"이라는 단어인데, 이 단어는 시인의 생애를 관통하는 상징어로 기능하고 있다. 2행에서 "무언가 엉뚱하게도 분실물"을 놓고 왔다고 하는데, 그 "분실물"이 무엇인지는 또 독자의 상상력에 맡기고 있다. 이는 어린 시절 추억이 될 수도 있는데, 아무튼 21살의 시인이 쓰기엔 이른 표현이다. 2연에서 과거의 역이 "투명한" 까닭은, 그 역은 지상에 존재하는 역이 아니라, 인간의 의식 속에 있는 기억의 역이기 때문일 것이다. 그리고 어느 역에나 있을 만한 무뚝뚝한 "분실물 담당자" 앞에 섰을 때의 마음을 그대로 이용하여, "쓸데없이 슬퍼지고 달았다"라고 표현하고 있다. 때로 우리는 찾다 찾다 못 찾고, 지친 모습으로 의식 속의 "분실물 담당자"에게 가서, 낭패한 기분을 느끼는 것이다. 그것이 바로 삶의 한 단편이기도 하다.

이 첫 시집 이후 그는 수십 권이 넘는 시집과 2백여 종의 작품집을 출판한다. 시집, 시나리오, 라디오 드라마 대본, 희곡, 동화, 가요, 르포 등 거의 모든 장르를 다루고 있는 그의 세계를 제한된 지면에 모두 소개하는 것은 불가능하다. 그의 시나 글을 읽으면 기분이 좋아진다. 그러다가 '빠지게' 된다. 그의 시에 중독된 채, 며칠 시집에서 '놀다' 나올 수밖에 없다.

우주와 일체된 절대적 자아

시집 『62의 소네트』(1953)는 "나의 청춘의 글"(「자작을 말한다」에서)이라는 시인의 말대로 다니카와 슌타로 청춘의 절정기를 보여주고 있다. 아울러 이후 시 세계를 예고한다. 특히, 이 시집의 마지막 시 「소네트 62」는 시인의 삶을 예고하는 작품이다.

  세계가 나를 사랑해주기에
  (잔혹한 방법으로 때로는
  상냥한 방법으로)
  나는 언제까지나 혼자일 수 있다

  내게 처음으로 한 사람이 주어졌을 때에도
  나는 그저 세계의 소리만을 듣고 있었다
  내게는 단순한 슬픔과 기쁨만이 분명하다
  나는 언제나 세계의 것이니까

  하늘에게 나무에게 사람에게
  나는 스스로를 내던진다
  마침내 세계의 풍요로움 그 자체가 되기 위해

  ……나는 사람을 부른다
  그러자 세계가 뒤돌아본다
  그리고 내가 사라진다   ——「소네트 62」전문(p. 64)

 시인은 세계와 자기와의 합일을 노래하고 있다. 1연만 보아도 시인이란 존재의 행복함이 극명하게 드러나고 있다. "세계가 나를 사랑해주기 때문에" 잔혹한 방법으로 때로는 상냥한 방법으로, 어떠한 어려움이 있어도, 언제까지나 '외톨이'라도 좋다고 한다. 2연에서 시인은 "나에게 처음으로 한 사람이 주어졌을 때에도/나는 그저 세계의 소리만을 듣고 있었다"라며, 사랑하는 애인이 주어졌을 때도 세계로 받아들인다. 애인이란 존재도 세계의 사물, 곧 새나 별이나 꽃 같은 존재처럼 다가왔던 것이다. 그에게 인간이라는 존재는 우주의 다른 사물과 같은 존재이다. 그래서 그는 3연처럼 "하늘에게 나무에게 사람에게" 스스로를 던진다. 좀더 풍요로운 노래꾼이 되기 위하여. 여기서도 하늘-나무-사람은 모두 우주의 사물로서 같은 동격이다. 마침내 그가 되려 하는 "세계의 풍요로움"이란 시인 자신이 온누리 자체가 되는 최고의 행복한 상태를 말한다. 마지막 4연은 시인의 삶을 가장 극명하게 표현하고 있다. 시인은 "사람을 부른다/그러자 세계가 뒤돌아본다." 그리고 시인은 "사라진다." 시인은 계속 노래하면서, 사람을 불러야 한다. 그리고 세계를 보아야 하는 것이 아니라, 세계가 "되돌아"보도록, 시의 영혼이 찾아오도록 기다려야 한다. 그리고 시만 남고 시인은 사라지는 것이다. 이 석 줄은 다니카와 슌타로 시인의 시 창작론이기도 하다. 이러한 자세는 지금까지 그의 시에 일관된 태도이다.

이 시집을 낼 무렵, 당시 시단은 전쟁의 패배의식과 암담한 현재를 문제 삼는 '아레치(荒れ地, 황무지) 그룹'이 주도권을 잡고 있었다. 그런데 현실의 정치적 상황에 이데올로기로 맞선 현실주의 시운동 '렛토(列島) 그룹'*의 활동이 쇠약해져갈 때, 불현듯 싱싱하게 등장한 이가 바로 다니카와 슌타로였다. 그는 현실을 직접적으로 담기보다, 자기의 싱싱한 감수성으로 다가오는 우주를 시에 담았다. 그는 당시 아유카와 노부오(鮎川信夫), 다무라 류이치(田村隆一), 세키네 히로시(關根弘), 구로다 요시오(黑田嘉夫)와는 확실히 다른 시인이었다. 미요시 다쓰지(三好達治)의 말대로 "돌연히 아득한

---

* 사가와 아키(佐川亞紀), 김응교 옮김, 「사회적인 시운동 시지 『열도』」, 『시와 혁명』 2000년 5~6월호 참조.

나라에서 찾아온" 독특한 존재였던 것이다. 그래서 일본 시(詩) 문학사를 얘기할 때, 다니카와 슌타로를 일본의 '민주 1세대'라고 말하기도 한다. 민주 1세대란 전후파 바로 다음 세대를 가리키는 말이다.

    그렇다고 그가 복잡한 현실 세계를 외면만 한 것은 아니다. 그는 정치 사회에 대한 짧은 시를 신문에 연재하기도 했다. 처량하기도 한 인생의 비극적인 면을 그는 이렇게 노래하였다.

    죽은 남자가 남긴 것은
    아내 하나, 아이 하나
    다른 것은 아무것도 남기지 않았다
    묘비 하나 남기지 않았다

    죽은 여자가 남긴 것은
    시든 꽃 한 송이, 아이 하나
    다른 것은 아무것도 남기지 않았다
    옷 한 벌도 남기지 않았다

    죽은 아이가 남긴 것은
    비틀린 다리 말라버린 눈물
    다른 것은 아무것도 남기지 않았다
    추억 한 조각 남기지 않았다

    죽은 병사가 남긴 것은
    부서진 총과 일그러진 지구

다른 것은 아무것도 남기지 못했다
평화 하나 남길 수 없었다

죽은 그들이 남긴 것은
아직 살아 있는 나, 그리고 너
다른 누구도 남아 있지 않다
다른 누구도 남아 있지 않다

죽은 역사가 남긴 것은
빛나는 오늘과 다시 찾아올 내일
다른 것은 아무것도 남아 있지 않다
다른 것은 아무것도 남아 있지 않다
——「죽은 남자가 남긴 것은」 전문(p. 137)

    이 시는 반전 가요로 알려져 있는 노래다. 생명력 넘치는 시인이 잔혹하리만치 일상적인 현실에 눈 돌리고 있다. 이렇게 그의 시는 노래로도 불리면서 인간의 가장 근원적인 마음에 울림을 주고 있다. 역사를 얘기해도 너무 심각하지 않고, 눈물 흘리지도 않는다. 그저 현실을 깔끔하게 담아낼 뿐이다. 이러한 풍으로 그는 2004년도에는 이라크 전쟁을 반대하는 반전시(反戰詩)를 발표하기도 했다. 그런데 많은 일본의 반전시*들이 현실 묘사를 하는 것과는 조금 다르게, 그의 반전시는 인간 본성을 겨냥하고 있다.

---

* 김응교, 「일본의 반전시」, 『시경』, 2004년 가을호 참조.

하지만 그의 시의 본령은 어디까지나 우주와 세계와 나 자신이 합일된 싱싱한 세계이다. 나이가 들어가면서 그는 어린아이를 위한 책도 많이 냈다. 그는 어린아이 같은 마음을 시로 표현했다. 또한 그는 많은 동화책을 번역하고 스스로 쓰면서, 일본인들에게 시처럼 인간의 마음이 아름다워야 한다고 했다.

    선생님이 칠판에
    아 라고 썼다
    아— 놀래보고 싶다

    선생님이 칠판의
    아 를 가리켰다
    아— 큰 입으로 노래하네

    선생님이 칠판의
    아 를 지웠다
    아— 지루해라

    아 너무 좋아
    아 또 만나요   ——「아(あ)」 전문(p. 145)

'아(あ)'라는 발음 한 자에 인간의 놀램과 기쁨과 권태가 들어 있음을 밝히는 이 시에는 그의 다른 동시처럼 그림도 실려 있다. 마지막에는 "아 또 만나요(あ またあおうね)"라는 표현을 통해 '아(あ)'가 두 번 가볍게 반복되고 있

다. 그의 시의 결말은 이렇게 인생을 유쾌하게 표현하곤 한다. 유치원생 정도의 아이들이 읽어도 기분 좋게 읽을 수 있으나, 읽는 이에 따라서 다른 의미를 얻을 수 있다. 그가 겨냥하는 것은 단지 신선함이 아니다. 괴테가 "아이들이 읽으면 동요가 되고, 젊은이가 읽으면 철학이 되고, 늙은이가 읽으면 인생이 되는 그런 시가 좋은 시"*라고 했듯이 다니카와 슌타로의 시에는 동요와 철학과 인생이 있다.

1백여 년에 이르는 동안, 일본의 근현대시는 많은 시인과 명시를 탄생시켰다. 이들 시는 사람의 마음을 움직여, 마음의 눈을 열게 하고, 사람들을 풍부한 감동의 세계로 인도해왔다. 문학을 좋아하고, 시를 즐기는 사람이라면 한번쯤 다니카와 슌타로의 세계에 빠질 것이다. 다니카와 슌타로를 생각하면, 시인 천상병이나 박재삼이 떠오르는 건 왜일까.

증오보다 사랑, 불행보다 행복

"늙음이나 망령드는 것도 유머로 받아들이면, 인생을 심각하지 않게 받아들일 수 있지요…… 망령 드는 것을 병으로만 생각하지 말고 사람이 살아가는 과정으로 생각하면 좋을 텐데 말이죠."

전후 일본 시인들 중에서 가장 화려하고 왕성한 활동을 보이는 그의 시는 실상 낮은 곳에 이렇게 귀 기울이는 태도에서 시작되고 있다. 필자는 그의 시를 단순히 말장난이나 자유분방한 발상 정도로 치부하는 평론에 반대한다. 그는 말장난을 통해 세상에 윤기를 주고, 정신에 탄력을 준다. 또한 그는 시집을 낼 때마다 새로운 기법을 토여주었다. 그 예로 파격적인 실험을 보여준 실험시「일부(壹部) 한정판 시집『세계의 모형』목록」(시집

---

* 김광림,「다니카와 슌타로의 시세계」,『日本現代詩人論』, 국학자료원, 2001, p. 318.

『정의(正義)』, 1975)를 들 수 있다. 이외에도 그는 시와 만화, 시와 노래, 시와 다큐멘터리 등 끝없는 실험을 통해 언어의 영역을 확장해왔다.

    그는 세상을 살리려고 노래하는 시인이다. 그는 노인들과 불꽃놀이를 한다. 바비큐도 구우면서 즐거운 인생의 길을 나눈다. 이날도 치매 노인들 사이에 웃음소리가 끊이지 않는다. 시인은 여기에 머물면서 한 편의 시「하얀 개가 있는 집」을 완성했다. NHK의 다큐멘터리 마지막 장면에 자막으로 떠오르는 시를 번역하면서, 노인들을 위해 오이를 자르던 그의 모습을 떠올려본다.

    하얀 개가 이 집을 지키고 있다
    끊이지 않고 떨어지는 수돗물 소리가 이 집을 헹구고 있다
    푸른 하늘에 떠 있는 구름이 이 집을 축복하고 있다
    그런데 이 집에 살고 있는 사람을 말하는 것은
    어떤 단어도 건방진 소리다

    한마디도 입을 열지 않는 여든네 살이 있다
    투덜투덜 계속 떠드는 여든여덟 살이 있다
    노인들은 이제 인생을 묻지 않는다
    다만, 거기 있는 것으로 인생에 답하고 있다
    그 답이 되돌아온다
    당신에게 우리들은 중요합니까 라고

    연방 떠드는 여든여덟 살이
    한마디도 말하지 않는 여든네 살의 가슴에 손을 내민다

허리가 직각으로 꺾여 있는 아흔세 살이
왠지 내 소년 시대의 시를 낭독하고 있다
그 목소리는 쌀쌀한 소녀 목소리 같다

한 명 한 명의 인생이
한 명 한 명 신기하다
하얀 개가 이 집을 지키고 있다
알지 못하는 신이 보낸 사자(使者)처럼
　——「하얀 개가 있는 집— 노인 홈 요리아이에서」 전문(p. 177)

---

* 이외에 시인 다니카와 슌타로에 대해서는, 김응교, 「TV 문화콘텐츠, 다니카와 슌타로의 시 창작법」(계간 『시평』 2008년 봄호), 「대표시는 매일 바뀌죠— 다니카와 슌타로 시인과 함께」(계간 『문학과 의식』 2008년 여름호)를 참조하기 바란다.

출전

시

『이십억 광년의 고독(二十億光年の孤独)』(1952)
먼 나라에서—서문을 대신하여 | 생장 | 나는 | 운명에 대하여 | 세대 | 그림 | 안개비 | 봄(春) | 정류장에서 | 기도 | 슬픔 | 비행기구름 | 지구가 너무도 사나운 날에는 | 서력 1950년 3월 | 경고를 믿는 노래 | 한 자루 검은 우산 | 전차에서 소박한 연설 | 책상즉흥 | 향수 | 숙제 | 주위 | 밤 | 봄(はる) | 화음 | 박물관 | 이십억 광년의 고독 | 나날 | 네로— 사랑받았던 작은 개에게 | 하늘

『62의 소네트(62のソネット)』(1953)
소네트 31 | 소네트 41 | 소네트 50 | 소네트 62

『사랑에 대하여(愛について)』(1955)
해질녘 | 사랑—파울 클레에게 | 빌리 더 키드 | 지구로 떠나는 피크닉 | kiss

『그림책(絵本)』(1956)
두 개의 4월 | 시인

『사랑의 팡세(愛のパンセ)』(1957)
창—R.M.R에게

『그대에게(あなたに)』(1960)
슬픔은 | hymn | 부탁 | 반복 | 9월 | 입맞춤

『21』(1962)
낯선 시남 | 황색 시인

『기도하지 않아도 좋은가(祈らなくていいのか)』(1968)
아침 릴레이 | 강

『다니카와 슌타로 시집(谷川俊太郎詩集)』(1968)
아름다운 여름 아침에

『여행(旅)』(1970)
새의 깃 1

『노래(歌)』(1971)
산다

『하늘에서 작은 새가 사라진 날(空に小鳥がいなくなつた日)』(1974)
사랑의 시작 | 아침 축제 | 내가 노래하는 이유

『정의(定義)』(1975)
일부 한정판 시집『세계의 모형』목록

『밤중에 부엌에서 나는 너에게 말 걸고 싶었다(夜中に台所でぼくはきみに話しかけたかつた)』(1975)
잔디

『코카콜라 레슨(コカコーラ・レッスン)』(1980)
질문집

『아이노래(わらべうた)』(1981)
좋은 아이

『매일매일의 지도(日々の地圖)』(1982)
치통 | 운다

『미간행 시편(未刊詩篇)』(1983)
물의 윤회

『두근두근(どきん)』(1984)
그 사람이 노래를 부를 때

『일본어 카탈로그(日本語のカタログ)』(1984)
물을 읽는다

『쓸데없는 노래(よしなしうた)』(1985)
신문

『다니카와 슌타로 시집・속(谷川俊太郎詩集・続)』(1987)
죽은 남자가 남긴 것은 | 슬픔에 대해서

『벌거숭이(はだか)』(1988)
안녕 | 거짓말 | 알몸 | 비밀 | 전차

『일학년생(いちねんせい)』(1988)
아(あ) | 다카시 군 | 심심해 | 만약에

『영혼의 가장 맛있는 부분(魂のいちばんおいしいところ)』(1990)
자기소개 | 똑바로 | 5월의 노래 | 8월의 노래 | 9월의 노래 | 10월의 노래 | 11월의 노래 | 영혼의 가장 맛있는 부분

『여인에게(女に)』(1991)
미생 | 탄생 | 심장 | 이름 | 메아리 | 강 | 함께 | 여기 | 죽음

『시를 보내려고 하는 것은(詩を贈ろうとすることは)』(1991)
굶주림과 책

『세계를 모르고(世間知ラズ)』(1993)
밤의 라디오 | 요케이 산

『모차르트를 듣는 사람(モーツアルトを聴く人)』(1995)
모차르트를 듣는 사람

영화「하울의 움직이는 성(ハウルの動く城)」(2003)
세계의 약속

『샤갈과 나뭇잎(シャガールと木の葉)』(2005)
하얀 개가 있는 집 | 백세가 되어 | 숲에게 | 바람 | 재의 기쁨 | 사랑에 빠진 남자 | 이야기의 미래 | 책과 나무 | 음악 앞의……

『좋아(すし)』(2006)
있다 | 대지 | 상자 | 의자 | 끈 | 책 | 연필 | 노래허도 좋겠습니까? | 믿는다

산문

『시를 쓴다(詩を書く)』(2006)
한 편의 시가 완성되기까지— 자기와의 분리

『나는 이렇게 시를 짓는다(私はこうして詩をつくる)』(1955)
시인과 우주

『알파벳 26강의(アルファベット26講義)』(1981)
시인

작가 연보

1931   철학자인 아버지 다니카와 데쓰조(谷川徹三)와 어머니 다키코(多喜子) 사이에서 제왕절개를 통해 도쿄에서 태어남.

1950   미요시 다쓰지(三好達治)의 소개로 『문학계(文學界)』에 「네로(ネロ)」외 5편이 소개되었다.

1952   첫 시집 『이십억 광년의 고독(二十億光年の孤独)』으로 데뷔.

1953   시집 『62의 소네트(62のソネット)』 간행.

1954   기시다 레이코(岸田衿子)와 결혼.

1955   『사랑에 대하여(愛について)』 간행. 라디오 드라마를 다루었다. 부인과 이혼하다.

1957   오쿠보 토모코(大久保知子)와 결혼. 에세이집 『사랑의 팡세(愛のパンセ)』 간행.

1959   시론집 『세계로(世界へ!)』 간행.

1960   장남 겐사쿠(賢作) 탄생. 희극 『연극은 끝났다(お芝居はおしまい)』를 집필.

1962   『21』 간행. 「월화수목금토일의 노래(月火水木金土日の歌)」로 레코드 대상 작사상 수상.

1963   장녀 시노(志野) 탄생.

작가 연보   247

1964	도쿄올림픽 기록영화 제작에 참가.
1967	기록영화「쿄(京)」의 각본 집필.
1968	『다니카와 슌타로 시집(谷川俊太郎詩集)』, 시화집『여행(旅)』간행.
1969	만화「피너츠(ピーナッツ)」의 번역을 시작함.
1972	옴니버스 기록영화「시간아 멈춰라, 그대는 아름답다(時よとまれ君は美しい)」중 이치가와 곤(市川崑) 감독 부분의 각본을 집필.
1974	시집『하늘에 작은 새가 사라진 날(空に小鳥がいなくなった日)』간행.
1975	시집『정의(定義)』간행,『마더 구즈의 노래(マザー・グースのうた)』로 일본번역문화상 수상.
1976	고무로(小室) 등과 LP「지금 살아 있다는 것(いま生きているということ)」를 제작.
1978	TV 프로그램「루브르 박물관(ルホブル美術館)」의 각본 집필.
1981	TV 프로그램「카라얀과 베를린 필(カラヤんとベルリンフイル)」의 기획 구성에 참가.
1982	도쿄 갤러리 와타리에서 사진전, 비디오 작품「Mozart, Mozart!」제작.
1983	『매일매일의 지도(日々の地圖)』로 요미우리 문학상 수상.
1985	『말을 중심에(ことばを中心に)』간행.
1988	연극「무명씨(アノニム)」상연.『벌거숭이(はだか)』로 노마(野間) 아동문예상 수상.
	『일학년생(いちねんせい)』으로 쇼가쿠간(小學館) 문학상 수상.
1989	아버지 데쓰조 사망. 이혼.
1990	사노 요코(佐野洋子)와 결혼.
1992	『여인에게(女に)』로 마루야마 유타카(丸山豊) 기념 현대시상 수상.
1993	『세계를 모르고(世間知ラズ)』로 하기와라 사쿠타로(萩原朔太郎)상 수상.
1995	아사히상 수상.
2009	현재까지 영어, 중국어, 스페인어, 덴마크어, 독일어, 히브리어 등 시선집이 번역 출판되었고, 세계 각국을 다니며 시 낭송회를 하고 있다.

기획의 말

'대산세계문학총서'를 펴내며

　근대 문학 100년을 넘어 새로운 세기가 펼쳐지고 있지만, 이 땅의 '세계 문학'은 아직 너무도 초라하다. 몇몇 의미 있었던 시도에도 불구하고, 전체적으로는 나태하고 편협한 지적 풍토와 빈곤한 번역 소개 여건 및 출간 역량으로 인해, 늘 읽어온 '간판' 작품들이 쓸데없이 중간되거나 천박한 '상업주의적' 작품들만이 신간되는 등, 세계 문학의 수용이 답보 상태에 머물러 있었음을 부인하기 힘들다. 분명한 자각과 사명감이 절실한 단계에 이른 것이다.
　세계 문학의 수용 문제는, 그 올바른 이해와 향유 없이, 다시 말해 세계 문학과의 참다운 교류 없이 한국 문학의 세계 시민화가 불가능하다는 의미에서, 보다 근본적으로, 우리의 문화적 시야 및 터전의 확대와 그 질적 성숙에 관련되어 있다. 요컨대 이것은, 후미에 갇힌 우리의 좁은 인식론적 전망의 틀을 깨고 세계 전체를 통찰하는 눈으로 진정한 '문화적 이종 교배'의 토양을 가꾸는 작업이며, 그럼으로써 인간 그 자체를 더 깊게 탐색하기 위해 '미로의 실타래'를 풀며 존재의 심연으로 침잠하는 작업이라 할 수 있다.

우리의 현실을 둘러볼 때, 그 실천을 위한 인문학적 토대는 어느 정도 갖추어진 듯이 보인다. 다양한 언어권의 다양한 영역에서 문학 전공자들이 고루 등장하여 굳은 전통이나 헛된 유행에 기대지 않고 나름의 가치 있는 작가와 작품을 파고들고 있으며, 독자들 또한 진부한 도식을 벗어나 풍요로운 문학적 체험을 원하고 있다. 새롭게 변화한 한국어의 질감 속에서 그 체험이 이루어지기를 바라는 요청 역시 크다. 그러므로 필요한 것은 어쩌면 물적 토대뿐일지도 모른다는 판단이 우리를 안타깝게 해왔다.

이러한 시점에서, 대산문화재단의 과감한 지원 사업과 문학과지성사의 신뢰성 높은 출간을 통해 그 현실화의 첫발을 내딛게 된 것은 우리 문화계의 큰 즐거움이 아닐 수 없다. 오늘의 문학적 지성에 주어진 이 과제가 충실한 결실을 맺을 수 있도록, 우리는 모든 성실을 기울일 것이다.

'대산세계문학총서' 기획위원회

대 산 세 계 문 학 총 서

001-002 소설 **트리스트럼 샌디** (전 2권) 로랜스 스턴 지음 | 홍경숙 옮김
003 시 **노래의 책** 하인리히 하이네 지음 | 김재혁 옮김
004-005 소설 **페리키요 사르니엔토** (전 2권)
호세 호아킨 페르난데스 데 리사르디 지음 | 김현철 옮김
006 시 **알코올** 기욤 아폴리네르 지음 | 이규현 옮김
007 소설 **그들의 눈은 신을 보고 있었다** 조라 닐 허스턴 지음 | 이시영 옮김
008 소설 **행인** 나쓰메 소세키 지음 | 유숙자 옮김
009 희곡 **타오르는 어둠 속에서/어느 계단의 이야기**
안토니오 부에로 바예호 지음 | 김보영 옮김
010-011 소설 **오블로모프** (전 2권) I. A. 곤차로프 지음 | 최윤락 옮김
012-013 소설 **코린나: 이탈리아 이야기** (전 2권) 마담 드 스탈 지음 | 권유현 옮김
014 희곡 **탬벌레인 대왕/몰타의 유대인/파우스투스 박사**
크리스토퍼 말로 지음 | 강석주 옮김
015 소설 **러시아 인형** 아돌포 비오이 까사레스 지음 | 안영옥 옮김
016 소설 **문장** 요코미쓰 리이치 지음 | 이양 옮김
017 소설 **안톤 라이저** 칼 필립 모리츠 지음 | 장희권 옮김
018 시 **악의 꽃** 샤를 보들레르 지음 | 윤영애 옮김
019 시 **로만체로** 하인리히 하이네 지음 | 김재혁 옮김
020 소설 **사랑과 교육** 미겔 데 우나무노 지음 | 남진희 옮김
021-030 소설 **서유기** (전 10권) 오승은 지음 | 임홍빈 옮김
031 소설 **변경** 미셸 뷔토르 지음 | 권은미 옮김
032-033 소설 **약혼자들** (전 2권) 알레산드로 만초니 지음 | 김효정 옮김
034 소설 **보헤미아의 숲/숲 속의 오솔길** 아달베르트 슈티프터 지음 | 권영경 옮김
035 소설 **가르강튀아/팡타그뤼엘** 프랑수아 라블레 지음 | 유석호 옮김

036	소설	**사탄의 태양 아래**	조르주 베르나노스 지음 | 윤진 옮김
037	시	**시집**	스테판 말라르메 지음 | 황현산 옮김
038	시	**도연명 전집**	도연명 지음 | 이치수 역주
039	소설	**드리나 강의 다리**	이보 안드리치 지음 | 김지향 옮김
040	시	**한밤의 가수**	베이다오 지음 | 배도임 옮김
041	소설	**독사를 죽였어야 했는데**	야샤르 케말 지음 | 오은경 옮김
042	희곡	**볼포네, 또는 여우**	벤 존슨 지음 | 임기연 옮김
043	소설	**백마의 기사**	테오도어 슈토름 지음 | 박경희 옮김
044	소설	**경성지련**	장아이링 지음 | 김순진 옮김
045	소설	**첫번째 향로**	장아이링 지음 | 김순진 옮김
046	소설	**끄르일로프 우화집**	이반 끄르일로프 지음 | 정막래 옮김
047	시	**이백 오칠언절구**	이백 지음 | 황선재 역주
048	소설	**페테르부르크**	안드레이 벨르이 지음 | 이현숙 옮김
049	소설	**발칸의 전설**	요르단 욥코프 지음 | 신윤곤 옮김
050	소설	**블라이드데일 로맨스**	나사니엘 호손 지음 | 김지원 한혜경 옮김
051	희곡	**보헤미아의 빛**	라몬 델 바예-인클란 지음 | 김선욱 옮김
052	시	**서동 시집**	요한 볼프강 폰 괴테 지음 | 단문영 외 옮김
053	소설	**비밀요원**	조지프 콘래드 지음 | 왕은철 옮김
054-055	소설	**헤이케 이야기**(전 2권)	지은이 미상 | 오찬욱 옮김
056	소설	**몽골의 설화**	데. 체렌소드놈 편저 | 이안나 옮김
057	소설	**암초**	이디스 워튼 지음 | 손영미 옮김
058	소설	**수전노**	알 자히드 지음 | 김정아 옮김
059	소설	**거꾸로**	조리스-카를 위스망스 지음 | 유진현 옮김
060	소설	**페피타 히메네스**	후안 발레라 지음 | 박종욱 옮김
061	시	**납**	제오르제 바코비아 지음 | 김정환 옮김
062	시	**끝과 시작**	비스와바 쉼보르스카 지음 | 최성은 옮김
063	소설	**과학의 나무**	피오 바로하 지음 | 조구호 옮김
064	소설	**밀회의 집**	알랭 로브-그리예 지음 | 임혜숙 옮김
065	소설	**홍까오량 가족**	모옌 지음 | 박명애 옮김
066	소설	**아서의 섬**	엘사 모란테 지음 | 천지은 옮김
067	시	**소동파 사선**	소동파 지음 | 조규백 옮김
068	소설	**위험한 관계**	쇼데를로 드 라클로 지음 | 윤진 옮김

069 소설	거장과 마르가리타	미하일 불가코프 지음	김혜란 옮김
070 소설	우게쓰 이야기	우에다 아키나리 지음	이한창 옮김
071 소설	별과 사랑	엘레나 포니아토프스카 지음	추인숙 옮김
072-073 소설	불의 산(전 2권)	쓰시마 유코 지음	이송희 옮김
074 소설	인생의 첫출발	오노레 드 발자크 지음	선영아 옮김
075 소설	몰로이	사뮈엘 베케트 지음	김경의 옮김
076 시	미오 시드의 노래	지은이 미상	정동섭 옮김
077 희곡	셰익스피어 로맨스 희곡 전집	윌리엄 셰익스피어 지음	이상섭 옮김
078 희곡	돈 카를로스	프리드리히 폰 실러 지음	장상용 옮김
079-080 소설	파멜라(전 2권)	새뮤얼 리처드슨 지음	장은명 옮김
081 시	이십억 광년의 고독	다니카와 슌타로 지음	김응교 옮김
082 소설	잔지바르 또는 마지막 이유	알프레트 안더쉬 지음	강여규 옮김
083 소설	에피 브리스트	테오도르 폰타네 지음	김영주 옮김
084 소설	악에 관한 세 편의 대화	블라디미르 솔로비요프 지음	박종소 옮김
085-086 소설	새로운 인생(전 2권)	잉고 슐체 지음	노선정 옮김
087 소설	그것이 어떻게 빛나는지	토마스 브루시히 지음	문항심 옮김
088-089 산문	한유문집-창려문초(전 2권)	한유 지음	이주해 옮김
090 시	서곡	윌리엄 워즈워스 지음	김숭희 옮김
091 소설	어떤 여자	아리시마 다케오 지음	김옥희 옮김
092 시	가윈 경과 녹색기사	지은이 미상	이동일 옮김
093 산문	어린 시절	나탈리 사로트 지음	권수경 옮김
094 소설	골로블료프가의 사람들	미하일 살티코프 셰드린 지음	김원한 옮김
095 소설	결투	알렉산드르 쿠프린 지음	이기주 옮김
096 소설	결혼식 전날 생긴 일	네우송 호드리게스 지음	오진영 옮김
097 소설	장벽을 뛰어넘는 사람	페터 슈나이더	김연신 옮김
098 소설	에두아르트의 귀향	페터 슈나이더	김연신 옮김
099 소설	옛날 옛적에 한 나라가 있었지	두샨 코바체비치	김상헌 옮김
100 소설	나는 고故 마티아 파스칼이오	루이지 피란델로	이윤희 옮김